心一堂術數古籍珍本叢刊

書名：增補高島易斷（原版）附虛白廬藏日本古易占五種（二）
系列：心一堂術數古籍珍本叢刊　占筮類　第三輯　244
作者：【日本】高島呑象 等、【清】王治本中譯
主編、責任編輯：陳劍聰
心一堂術數古籍珍本叢刊編校小組：陳劍聰　素聞　鄒偉才　虛白盧主　丁鑫華

出版：心一堂有限公司
通訊地址：香港九龍旺角彌敦道六一〇號荷李活商業中心十八樓〇五一〇六室
深港讀者服務中心：中國深圳市羅湖區立新路六號羅湖商業大厦負一層〇〇八室
電話號碼：(852)9027-7110
網址：publish.sunyata.cc
電郵：sunyatabook@gmail.com
網店：http://book.sunyata.cc
淘寶店地址：https://sunyata.taobao.com
微店地址：https://weidian.com/s/1212826297
臉書：https://www.facebook.com/sunyatabook
讀者論壇：http://bbs.sunyata.cc/

版次：二零二一年五月初版
平裝：八冊不分售

定價：港幣　一仟六百八十元正
　　　新台幣　六仟九百八十元正

國際書號：ISBN 978-988-8583-91-1

香港發行：香港聯合書刊物流有限公司
地址：香港新界荃灣德士古道二二〇—二四八號荃灣工業中心十六樓
電話號碼：(852)2150-2100
傳真號碼：(852)2407-3062
電郵：info@suplogistics.com.hk
網址：http://www.suplogistics.com.hk

台灣發行：秀威資訊科技股份有限公司
地址：台灣台北市內湖區瑞光路七十六巷六十五號一樓
電話號碼：+886-2-2796-3638
傳真號碼：+886-2-2796-1377
網絡書店：www.bodbooks.com.tw
台灣秀威書店讀者服務中心：
地址：台灣台北市中山區松江路二〇九號一樓
電話號碼：+886-2-2518-0207
傳真號碼：+886-2-2518-0778
網絡書店：http://www.govbooks.com.tw

中國大陸發行　零售：深圳心一堂文化傳播有限公司
深圳地址：深圳市羅湖區立新路六號羅湖商業大厦負一層〇〇八室
電話號碼：(86)0755-82224934

心一堂微店二維碼

心一堂淘寶店二維碼

高島易斷

上經

亨

上經 亨

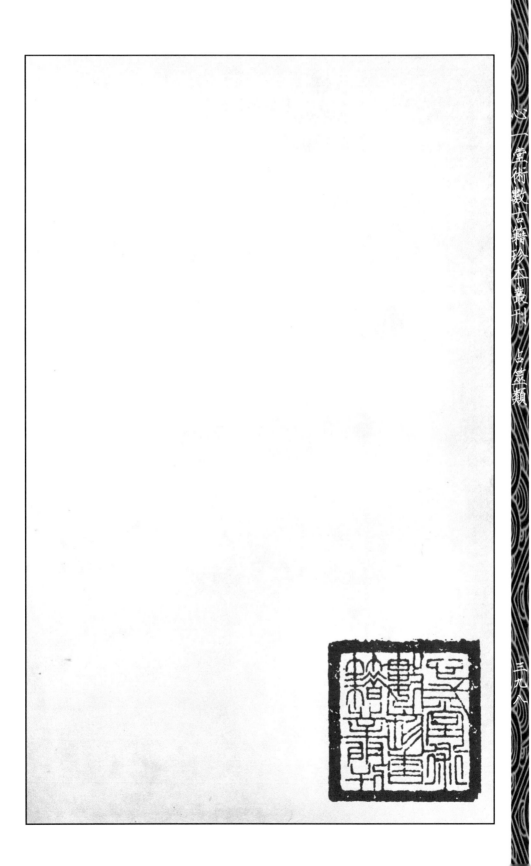

增補高島易斷

大日本橫濱　從五位高島嘉右衛門講述
東京　柳田幾作筆錄
清　國寧波　王治本補正

䷐

澤雷隨

按隨澤上雷下。☳奮下。☱虛上。其中疏通。則內動不自主。而順從外。從外。故曰隨。遂以隨名卦。兌爲少女。震爲長男。以少女从長男。是隨之義也。兌爲澤。震爲雷。雷震澤中。澤隨而動。是隨之象也。其義其象。皆取以陽下陰。陰必說隨。朱子所謂此動彼說。成隨是也。序卦曰。豫必有隨。故受之以隨。蓋爲豫悅之道。物來隨己。己亦隨物。此隨之所以次於豫也。

隨。元亨利貞。无咎。

卦體震自下而震動。兌在上而感說。從而應和之爲隨。蓋有舍己從人。樂取於人以爲善之義。故隨之道。可以致大亨也。震爲健。得夫乾。故曰元亨。巽於地爲剛鹵。合夫坤。故曰利貞。雜卦曰。隨无故也。謂上下各從其所處而安。不待有所爲也。无故則无事。无事則何咎之有。然失之貞正。則枉己徇人。易於有咎。亦足戒也。

彖傳曰。隨。剛來而下柔。動而說。隨。大亨貞。无咎。而天下隨時。隨時之義大矣哉。

此卦本坤下乾上之否。否之卦順以隨健。今否之上爻。下入坤之初爻。而爲震。其初九爲成卦之主。否之初爻。上入乾之上爻。而爲兌。是以陽下陰。以高下卑。陽動陰說。物來隨我。我亦隨物。謂之隨。剛來而下。柔動而說。隨也。是隨之義也。

凡人君之從善。臣下之奉命。學者之從義。子弟之從師。皆隨也。至於人之從天。欲之從理。邪之從正。爲隨之善者也。隨之道利貞正。若反之。則謂之詭隨。即違夫時矣。君子隨時而動。隨時而說。各得其宜。是以所爲無不奏功。故曰隨大亨貞。无咎。隨之義以動而隨。不動則必不能隨。以說而隨。不說則必不欲隨。雷發於下。雨水隨之降於上。是澤隨夫雷。上隨夫下也。違其時。則雷不動。澤不說。上下必不相隨。不知隨之道。必宜合時。推之天下。陰陽剛柔。莫不皆然。故曰天下隨時隨之時義如此。豈不大哉。

以此卦擬國家。則內卦爲人民。行動勤勉。從事職業。不敢上抗政府。唯從政府之所命。外卦爲政府。不挾威權。唯施說民之命令。故得上下君民之間。親密和悅。上唱下順。天下和平。人心鎭靜。此隨之時也。謂之隨元亨利貞。无咎。當此之時。九五之聖明在上。居中正之位。廓然大公。相孚於善。君能虛己從臣。臣更恭順以從君。是以初爻則有渝而不失其正。二爻則有係而不免於私。三爻則以居貞而有得。四爻則以在道而无咎。上爻則以從維而用享。總之從正則吉。從邪則凶。非隨之咎。其所以隨者自取其咎。夫人臣隨君。以誠相通。是以元亨。事必在道。以正相從。是以利貞。如是則君之隨臣者。諫則必納。言則必聽。臣之隨君者。令無不從。命無不奉。斯以動感說。以說應動。上下相隨。而治事大亨。故曰隨之時義大矣哉。

以此卦擬人事。唯在以强隨弱也。夫陽剛之人。不肯下人。是以人心常多乖離。而事業概不得成。若能以剛下柔。措置得宜。則衆心必服。何咎之有。隨者。不專己之意。即舍己從人。取人爲善。其機甚捷。其理甚順。其功必易成。故曰元亨。然隨之道。有正有邪。苟其一於柔順。必致枉道以徇人。過於容悅。則將違道而干譽。是失隨之正也。惟其動其說。悉隨夫時。內不失己。外不失人。斯隨得其正。咎何有焉。故曰利貞。无咎。易象中係元亨利貞之辭者凡七。乾坤屯隨臨无妄皆在上經。革一卦在下經。皆大有爲之時。以我得乘時之勢。曰元亨利貞。元亨利貞之解。詳乾下。須參看。隨時之義甚大。推之造化則震者春也。東方之卦也。萬物隨之而生。兌者秋也。西方之卦也。萬物隨之而成。故春生之。夏長之。秋成之。

冬藏之。各隨其時也。天下之理。不動則無所隨。不說則不能隨。是隨之義也。人事莫不皆然。

通觀此卦。三陽三陰。初九以陽。與六二遇。陽之隨陰也。九五之孚上六。亦陽之隨陰也。六二以陰居陰。是陰之從陰也。故曰係。有係必有失。不言凶咎。而凶咎可知。六三以陰居陽。是陰之從陽也。以陰故亦曰係。然係所當係。係即隨。故曰利居貞。九四是以陽而隨陰。逼近於五。剛而有獲。臣道凶矣。惟能感之以誠。保之以哲。復有何咎乎。九五尊位。上動下說之主。取人以爲善。吉莫大矣。上六以柔順居隨之極。極夫隨者也。能善用其係。係亦得其正也。總之隨之道。宜隨時爲動。從宜適度。處以至誠。出以大公。不特可感格群民。且可用享上帝。將率天下爲隨時矣。君子觀此爻。而知隨時之義甚大。蓋前卦自豫來。悅以隨時。無拂逆之情。序卦傳曰。豫必有隨。故受之以隨。人能謙以致豫。則能說以隨時。不謙則安能豫。不豫則安能隨。三者道同。而幾會相因。幾會者。惟在於時而已。而適時莫如隨。然隨必有事。有事而後蠱。此所以蠱次於隨也。是故隨如文王之事殷。蠱如武王之造周。夫易者不測之神藏。圓妙之靈府也。觀之於萬物。推之於萬事。無所不在。無所不該。非神聖之道。則安能如此乎。

大象曰。澤中有雷隨。君子以嚮晦入宴息。

此卦以震陽陷兌陰。有藏伏之象。象曰。澤中有雷。隨。不曰雷之動。而曰雷之有。本義以雷藏澤中釋之。深得其旨。蓋知象之取義。在雷伏勢時也。君子觀此象。故不言動作。但言宴息。雷之伏藏。在寒冬。人之宴息。在嚮晦。蓋亦各隨其時也。君子應天而時行。時當嚮晦。入居於內。宴息以養其身。起居隨時。惟宜自適。蓋其動也。與雷俱出。其靜也。與雷俱入。豫之作樂崇德。大壯之非禮不履。无妄之茂對時育。皆法春雷之動也。復之閉關息旅。隨之嚮晦宴息。皆法秋雷之藏也。夫舍百爲之煩擾。就一枕之安間。所以養精神於鼓舞之餘。以爲將來應用之地。故以形息者。凡民所同。以心息者。君子所獨。君子雖才德兼備。當隨時適宜。亦必有咎。是以遇隨之時。韜智藏德。辭祿不居。養晦以遵時。抱道而伏處。文王之服事殷紂。勾踐之隱會稽。皆得嚮晦宴息之義者也。謂之君子以嚮晦入宴息。互卦三四五爲巽。二三四爲艮。巽爲入。艮爲止。即入而止息之象也。

(占)問時運。目下運氣平常。宜暫時晦藏。明年利於遠行。至第五年。則可得利。○問戰征。宜退守。明年當少有功。必俟六年。斯敵皆就縛矣。○問商業。有貨一時難售。來春可以獲利。○問家宅。防有伏怪。夜間致多驚懼。○問訟事。恐有牢獄之災。明年又防征役遠行。凶。○問失物。宜在枕席間覓之。○問六甲。生女。○問行人。即歸。○問出行。以明年利。

初九。官有渝。貞吉。出門交有功。

象傳曰。官有渝。從正吉也。出門交有功。不失也。

此卦六爻。各以隨人立義。專取相比相從。不取應爻。官。謂心之官。凡人作事。皆以心官主之。渝者變也。有渝者。謂變易其所主司也。官雖貴有守。處隨之時。不可不知權變。變者趨時從權之謂也。此爻剛而得正。爲成卦之主。主者不可隨人。故不言隨。有渝而得其正。故曰貞吉。出門則所見者廣。所聞者多。不溺於私。惟善是從。則隨不失時。變不失正。虛己聽人。廣交而有功也。故曰出門交有功。」

(占)問時運。目下正當換運之時。交入新運。一動便佳。尤利出門。○問商業。貨物當販運出外。得利。○問家宅。當以修造吉。或遷居出外。更利。○問戰征。擊東者變而擊西。擊南者變而攻北。吉。○問疾病。恐藥不對症。宜改變藥餌。乃吉。或於遠方求醫。更利。○問失物。門外尋之得。○問六甲。生男。

(占例)占友人某就官。筮得隨之革。

爻辭曰。初九。官有渝。貞吉。出門交有功。

斷曰。此卦兌上震下。爲剛陽伏而從陰。是隨卦之所取義也。今占得初爻。足下雖學力剛强。不得不俯從愚柔。亦時爲之也。凡始入仕途者。以不熟事務。每事須從老成之指揮。是又隨之道也。此中固不能自主。所當舍己而從人。謂之官有渝。貞吉。又不宜獨處。所當廣交以集益。謂之出門交有功。

後果如此占。

六二。係小子。失丈夫。

象傳曰。係小子。弗兼與也。

剛有以自立。謂之隨。柔不足自立。謂之係。故初四五。剛不言係。二三上。皆柔曰係。隨則公。故無失。係則私。故有失。六二以柔居陰。與四隔位。遂係乎四。四陽而居陰。謂之小子。是隔位爲係之謂也。係四則不能比初。初爻爲隨之主。是謂丈夫。故曰係小子失丈夫。舊說謂二係初。失在初。陽猶微。謂之小子。五居尊位。謂之丈夫。然初爲卦主。何得曰小子。五爲君位。何可曰丈夫。且陽爻爲丈夫。初陽爻也。目爲小子。其說亦反。夫人之所隨。得正則遠邪。從非則失是。六二係失所係。雖無凶咎之辭。其不吉可不言而知。象傳曰。不兼與也。謂天地之道。無兩全之義。係小子。必失丈夫。理之當然也。

(占)問時運。目下運氣顛倒。宜自審愼。○問商業。有貪小失大之懼。○問家宅。陰陽倒置。有女子小人弄權。反致家主受制之象。○問戰征。只能捉捕敵兵。未獲斬將拔旗之捷。○問六甲。生女。○問失物。小品可得。大件必失。○問婚嫁。恐非良緣。

(占例)熊本縣人尾藤判事。嘗學易於余。同氏有孃年十八。容貌艷麗。時某縉紳喪妻。以媒求婚於氏。氏因請占其吉凶。筮得隨之兌。

爻辭曰。六二。係小子。失丈夫。

斷曰。此卦剛從柔之象。而非柔從剛之時也。今足下卜嫁女。則女家爲柔。而男家爲剛也。爻象以剛從柔。殊嫌相反。二爻曰。係小子。失丈夫。想某縉紳必是老夫也。令孃或不喜之。宜嫁少年小子。斯兩相得也。

氏聞之。如有所感悟曰。夫婦者。女子終生之事也。不可以親之所好。枉女子之志。遂謝縉紳。

六三。係丈夫。失小子。隨有求得。利居貞。

象傳曰。係丈夫。志舍下也。

丈夫指初九。小子指九四。初爲隨卦之主。以剛居陽。出門有功。謂之丈夫。四以剛居陰。其義有凶。謂之小子。係初失四。故曰係丈夫。失小子。正與二爻相反。初爻本欲出門求交。得三之隨。必與之親善。故三之隨初。有求而得也。初以隨求人。苟枉己徇人。雖得亦失。故云利居貞。六三才雖弱。位得其正。係貞吉之初。失貞凶之四。是得居貞之利。即隨道之善也。所以求道而得道。求仁而得仁。無求而不自得焉。互卦巽爲近利。故有得。居貞者。謂守常止分。以道自固。以義自裁。不以動而妄求也。象傳曰。志舍下也。陽上陰下。三居陽位。所係在陽。所失在陰故曰志舍下也。一說丈夫指四。小子指初。與二爻以五謂丈夫。前後不同。且四貞凶。何得云丈夫。初有功。何得云小子。於以剛從人爲隨。以柔從人爲係之說。亦不合。

(占)問時運。目下交正運。求財求名。無不如意。○問商業。小往大來。必得利益。○問戰征。主生擒敵將。必得大捷。○問家宅。家道豐富。但防小兒輩有災。○問疾病。大人無妨。小人恐有不利。○問六甲。恐生而不育。○問失物。得。○問婚媾。主結高親。

(古例)神奈川町淨土宗成佛寺住職辨眞和尙。名僧辨玉和尙之徒。修小乘之學者也。一日來問余講易。感悟而欲學易。且云學之得成與否。請煩一筮。筮而得隨之革。

爻辭曰。六三。係丈夫。失小子。隨有求得。利居貞。

斷曰。隨卦雖爲剛從柔。在爻則否。陽爻曰隨。陰爻曰係。今子就余學易。即探以內典之精奧。旁求神易之微妙。是所求皆天神之道。不關塵世瑣細小務。故謂係丈夫失小子也。故從余學易。縱使內典中有難解之事。自可求神而問之。求之必得。現世未來。皆得安心決定也。故曰隨有求得利居貞也。

和尙聞之。大悅。從此學易。今尙不倦。

九四。隨有獲。貞凶。有孚在道。以明何咎。

象傳曰。隨有獲。其義凶也。有孚在道。明功也。

獲者。取非其有之辭。有獲者。謂得天下之心。使之隨己也。是私據其所有。而不歸語於五。失臣道也。故曰貞凶。爲臣之道無他。唯在以誠相孚而已。誠則明。明則無疑。無疑則君臣一心。德施於民而民隨之。其得民之隨者。相率而共隨於君。足以成君之功致國之治者。皆在此相孚有道耳。有復何咎。否則上下疑猜。即所當獲。不免啓挾功凌上之嫌。雖正亦凶也。九四具陽剛之才。處大臣之位。才高致謗。位重啓嫌。一涉偏私。便招凶禍。惟其中之所存。一秉於誠。外之所行。一循夫理。盡其道以事上。明其幾以保身。位雖高不疑于迫。勢雖重不嫌于專。君嘉其讓。民服其謙。得隨之時。協隨之宜。何咎之有。故曰有孚在道。以明何咎。有孚者。謂有孚于九五也。明者。謂自明其志也。自古人臣處功名之際。不克保終者。多由我心之不孚。與不能自明其志也。如漢蕭何韓信。皆受君重任。韓信求封于齊。求王於楚。無欲而不獲者也。久之積疑生嫌。卒不免禍。蕭何雖素知高帝之心。得保首領而終。不免械繫之辱。是於有孚以明之義。猶未盡者也。如唐郭子儀。權傾天下而上不忌。功蓋一世而上不疑。可謂得有孚在道者矣。象傳曰。有孚在道。明功也。以功云者。釋爻之何咎。蓋有孚者。即以孚隨之道。明功者。即明其隨之功也。

一說隨有獲者。謂以權在我任己所爲之意。貞者謂所係國家之正務。凶者有僭逼之疑。有孚者心盡其誠。在道者行盡其道。何咎者。無失臣職之意也。亦通。

(占)問時運。目下有凶有吉。利在單月。不利双月。明年則吉。○問商業。獲利後。防有意外之禍。必俟辨明方可。○問家宅。或新買。或新造。皆不吉。○問戰征。小勝後。防大敗。○問疾病。先凶後吉。○問訟事。始審凶。上控則无咎。○問失物。一時難覔。待後方見。

(占例)明治二十七年六月相識岩谷松平氏來告曰。往年政府。下付士族以金祿公債證書。鹿兒島縣士族中。有遺漏此典者。今欲補請恩給。請占其准否。筮得隨之屯。

爻辭曰。九四。隨有獲貞凶。有孚在道。以明何咎。

斷曰隨有獲者是專意求獲之謂也。鹿兒島縣士族。維新之際。偉烈豐功。爲政府所優待。徧世所知也。今欲謀請恩給。占得隨之四爻。以陽居陰。乘政府之優待。意在强求。務期必獲。故象傳曰。隨有求。其義凶也。然當以公平之道。請求於上。必可得許。謂之有孚在道。明功也。

○某縉紳來請占某貴顯運氣。筮得隨之屯。

爻辭曰。九四。隨有獲。貞凶。有孚在道。以明何咎。

斷曰。此卦吾能從人。則人亦從我。今占得四爻。某貴顯在現職。衆人咸樂爲隨從。其所以隨從者。非服從其德量。實欲攀附其權勢也。若因此自負得民。則不祥之道也。故曰貞凶。際此民心之歸向。以誠相孚。以明自審。即所獲以歸諸君上。不以自私。道可孚也。功可明也。何咎之有。反是則難免於咎。

九五。孚于嘉。吉。

象傳曰。孚于嘉。吉。位正中也。

嘉者。善也。謂擇善而從之。隨其善者。非隨其人也。孚者。以眞實誠一之心。相與感通也。吉者。謂君明臣良。天下從之。無不服從其化也。舍己從人。樂取於人以爲善。即所謂孚于嘉是也。五爻陽剛中正。位居至尊。爲全卦說隨之主。是聖君至誠相感。以樂從天下之善者也。夫人主之尊。其所隨之可否。悉係國家之休戚。尙賢而信之。其所以吉也。如此則不失人。亦不失己。隨道之正也。謂之孚于嘉。吉。象傳曰。位中正也。以陽剛居陽位。得其正也。處中正之位。行中正之道。是以嘉也。

一說此爻以陽剛。比上六之柔正。謂上六以柔居陰。有女子之象。今九五孚之爲婚。是取婚禮爲嘉禮之義。蓋隨之道。莫切乎夫婦。天下之政化。始于閨門。故曰孚于嘉。亦通。

(占)問時運。目下處盛運。萬事獲吉。○問商業。以其貨物嘉美。獲利百倍。○問家宅。必是積善之家。衆咸信從。爲一鄉之望也。○問戰征。軍衆同心。必獲勝捷。吉。○問婚嫁。百年好合。大吉。○問訟事。和好。○問疾病。吉。○問六甲。生男。

(占例)明治三年某月。應某貴顯之召。貴顯曰有一事。爲煩一筮。筮得隨之震。

爻辭曰。九五。孚于嘉。吉。

斷曰此卦當秋冬之時。震雷藏於兌澤。有强隨弱之象。彖傳謂之剛來而下。柔動而悅。大亨貞。无咎。全卦初二五六四爻。以剛隨柔。皆謂得位。四三二爻。以柔係剛。謂之失位。惟四爻係戀于柔。且能率衆而隨九五。由是觀之。知有威權者。能使衆從己。相率而從九五之君也。今占得九五。可見天下之人心。無不從君上之所命也。天命如此。故彖傳曰隨之時義大矣哉。

後未幾而有廢藩置縣之令。

○元老院議官某氏。轉任某縣知事。將赴任。請余占施政准則。筮得隨之震。

爻辭曰。九五。孚于嘉。吉。

斷曰。隨卦有以剛從柔之義。是降尊從卑之象。今貴下治該縣。下從民情。不涉私意。人民自然嘉樂悅豫。可以隨從歸服也。謂之孚于嘉。吉。

從前該縣之治。紛爭不絕。某氏赴任之後。因此施治。靜穩平和。乃得無事。

上六。拘係之。乃從維之。王用亨于西山。

象傳曰。拘係之。上窮也。

拘者。執而不棄之謂也。維者。交結也。管子曰。禮義廉恥。謂國之四維。乃維民之道也。蓋其所隨。極其誠意纏綿。固結而有不可解者矣。至誠之極。可以孚君心。可以享鬼神。是隨之極則也。王者指周王而言。西山指岐山而言。此爻以陰居隨之極位。天下之臣民。隨順化服之極也。故不復言隨。反將拘係九五。九五亦從其所係而維之。居隨之極。效至誠於君。相知之深。相信之篤。終始無間者也。」譬如一物。人所愛好。唯恐或失之。既拘係之。又從而維之。即所謂拳拳服膺。而不失之意也。昔周大王避戎狄之難。去豳移居岐山之下。民之從之者。如歸市。是拘係之也。大王亦即以道維之。夫大王之去豳也。勢窮而人益隨之。故周室之業。自此而興。文王之時。天下之人。無思不服。而文王尚守臣節。享大王於封內之西山。不敢僭郊禘之禮。固結其鬼神。正所以固結于君也。故有此上六之誠意。足以通神明。神明亦隨之。謂之王用享于西山。凡易之爻曰。王用享者三。皆謂王者用。此爻則以賢臣而享山川。非指其爻而為王也。若夫使之主祭。而百神享之。可以見王者之克當天心。莫大於用賢也。象傳上九也者。上。即尙字。是謂隨道之極。無以復尙之也。

(占)問時運。目下左支右絀。不甚如意。○問商業。堅固結實。穩當可做。但未能事事舒展。○問家宅。恐防範約束過嚴。家人怨苦。○問疾病。禱之則吉。○問婚嫁。有赤繩繫臂之緣。○問訟事。恐有桎梏困繫之患。○問失物。是自己包裹藏之。未嘗失也。○問六甲。生女。

(占例)南部家家令。山本寬次郎氏。余之舊友也。維新之際。赴函館之役。野邊地戰爭之時。在將帥中。頗有勇武之名。明治十二年七月與舊藩士五人。過訪敝廬。謂余曰。君有談易之癖。以爲快樂。予甚苦之。若換以他樂如何。君自言易占必中。謂政府所不可不用。陸海軍。關人命之重。係國家之存亡。裁判所。明是非。分曲直。皆不可不用。然於未來之事。或中或不中。恐難一一預知。余曰小人聞道而笑之。不笑不足以爲道。易豈如足下所言哉。余二十年之久。未嘗一日廢易。所以然者。以百占百中也。山本氏聞之。笑曰。果如君言。則吾命何時而終。願一占遲速。俾可前知。余曰。是極容易。筮得隨之无妄。

爻辭曰。上六。拘係之。乃從維之。王用亨于西山。

斷曰。隨者爲震之長男。從兌之少女。又爲歸魂之卦。今占得上爻。君之命。可終于本年也。君之妻子墓祭之象。正見于爻辭。拘係之者。謂係連于君者。維之者。謂有子女。亨于西山者。謂葬足下於宅之西也。

山本氏聽畢。冷笑。如不介意。諸士或疑或笑。既而其年十月。南部家家扶某。寄書于余云。山本氏昨夜急罹中風。半身不隨。因召喚妻子於本國。其妻子未至之時。請借神奈川別邸中一戶爲寓。未幾妻子來迎。同歸盛岡。迨十二月不起。於是當時諸士。聽余言而笑者。皆爲驚嘆。

○明治三十一年十月。憲政黨分離爲二。舊改進黨。稱憲政本黨。舊自由黨。稱憲政黨。各樹旗幟。時策士井上角五郎。尾崎三郎。雨宮敬治郎等。見憲政黨權力之薄。使之提携。山縣內閣。乘其虛。將使實行板垣伯所主張鉄道國有論。三氏來請占憲政黨。內閣之提携成否。筮得隨之无妄。

爻辭曰。上六。拘係之。乃從維之。王用亨于西山。

斷曰。此卦下卦之雷動。上卦之澤說。繫辭傳曰。服牛乘馬。引重致遠。以利天下。蓋取諸隨。由是觀之。憲政黨不啻隨從政府。粉身碎骨。能貫徹政府之意向。今占得上爻。其辭曰。拘係之。乃從維之。謂提携之密着也。王用亨于西山。謂政府得憲政黨之援助海陸軍擴張之費用。得如其意。喜悅之餘。得擧行靖國神社之祭禮也。

後果如此占。

山風蠱

此卦巽下艮上。艮爲山。巽爲風。山下有風之象。風者空中之氣。流通氣候。往來寒暑。發育萬物者也。今風入山下。閉息而不得振。風不通。則物腐而生蟲。又巽爲臭。爲氣。艮爲止。爲覆器。艮上巽下。是藏臭物於器中。復從而覆之也。故腐敗而生蟲。一蟲而化爲三。愈生愈多。蟲在皿中無所食。遂至同類相食。是亂之義也。蠱字从三虫在一皿中。故春秋傳曰。皿蟲爲蠱。朱子曰。言器中聚那毒蟲。教他自相併。總是敗壞之意。故名此卦曰蠱。說文腹中蟲。悔深所生。故又有淫溺惑亂之義。又轉訓事。或爲修飭之義。序卦傳曰。蠱者事也。雜卦傳曰。蠱則飭也。凡遇蠱敗。必有謹飭修治之事。猶訓亂爲治之意。是以卦名取敗壞之義。爻辭用爲事之義也。

蠱元亨。利涉大川。先甲三日。後甲三日。

蠱。壞之極也。壞極必當復治。則必有治蠱之才。應世而出焉。得此治蠱之才。則足以致元亨矣。凡用才以圖治。猶用舟楫以涉川。書曰。若涉大川。用汝作舟楫。此之謂也。故曰利涉大川。先甲後甲。諸儒之說紛如。馬氏以卦位言。子夏氏以癸丁言。盧氏以賁與无妄變卦言。鄭氏取用辛用丁之義。蘇氏據盡巳盡亥之說。皆各執一見。全書獨以先三後三。爲六爻已終。七日更始。取復卦七日來復之義。簡端曰。甲。事之始。庚。事之變。蠱亂極而復治。故曰甲。巽化陰而歸陽故曰庚。此說最精確。程氏謂先甲三日。以窮其所以然。而處其事。後甲三日。以究其將然。而爲之防。其說亦通。

彖傳曰。蠱剛上而柔下。巽而止蠱。蠱元亨而天下治也。利涉大川。往有事也。先甲三日。後甲三日。終則有始。天行也。

此卦艮一陽在上。二陰在下。巽二陽在上。一陰居下。內外陰陽不交。內志不決。

此杭氏之讀所由出也

外行不健。因循坐誤。此所以漸積而成蠱也。蠱則安得元亨。所謂元亨者。必使蠱之壞者復完之。蠱之塞者復通之。斯元亨而天下治矣。序卦曰。蠱事也。飭蠱則必有事。往則不能無險。險莫如大川。以飭蠱而往。涉無不利焉。先甲三日。後甲三日。先後。即終始也。原其蠱之始。要其蠱之終。先不敢荒。後不敢怠。惟日不足。終而復始。是非天行之健者不能也。此飭蠱之全功也。

以此卦擬人事。我巽而從。彼艮而止。意氣兩不相通。意氣不通。則彼我不能合而成事。因循苟且。事必敗壞。亦勢所必至也。譬如木朽則生蛀。穀久則變蟲。此蠱之象也。蠱爲後天之卦。艮巽與乾坤易位。是父母老而子用事。故六爻中。五爻皆言家事。初爻幹父蠱而承意。二爻幹母蠱而得中。三爻幹之。雖有悔而无咎。五爻幹之。以用譽而承德。唯四爻以裕而見吝。是失於順也。凡人事以孝爲首。即家事而推之。無事不當如是也。至上爻居蠱之終。獨善其志。而不言飭蠱。蓋將守其志而治身心之蠱。擴其志而濟萬世之蠱。是則人事之大者也。

以此卦擬國家。上卦爲政府。下卦爲人民。艮上巽下。一高一低。尊卑懸殊。上下隔絕。臣下逡巡畏縮。而無振作之才。人君因循苟且。而乏有爲之志。禍亂之萌。已伏治平之中。自此而百弊生。萬事隳。是蠱之卦名所由起也。然當蠱之時。要心有幹蠱之才。而蠱乃可治。象曰。蠱。君子以振民育德。蓋以振起其民。育養其德。爲飭蠱之要道也。此卦六爻。皆言齊家。不及治國。要之齊家。即所以治國。無二道焉。初爻之幹蠱終吉。如管仲之相齊桓。孔明之輔後主是也。二爻之幹蠱得中。如周勃之事高后。狄相之事武后是也。三爻之幹蠱无咎。如伊尹之相太甲。終得復位是也。四爻之裕蠱見吝。如李勣之不諫易后。終至釀禍是也。五爻之幹蠱用譽。如周公之相成王。終成興周是也。若上爻高尚。則如許巢之不受天下。夷齊之不食周粟是也。後世君臣。思艱圖治。所當凜先甲後甲之懼。守成始成終之道。用震之動。法乾之健。斯元亨而天下治矣。不然。柔順而自安。退止而不前。蠱壞日深。雖有善者。亦難保其後矣。可不懼哉。可不愼哉。

通觀此卦。艮以剛止在上。上亢而不下濟。巽以柔入在下。下卑而不上承。剛柔不接。兩情乖隔。下者愈卑而愈巽。逡巡不進。上者愈高而愈亢。怱畧苟安。其中日積日敝。漸積漸壞。內腐而外朽。其破敗有不可救藥者矣。故曰剛上而柔下。巽而止蠱。是自卑於內。苟止於外。所以成蠱也。古書曰。流水之不腐。以其逝故也。戶樞之不蠹。以其運故也。故器欲常用。久不用則蠹生。體欲常動。久不動則疾生。則知蠱之生由於止。其所由者非伊朝夕矣。象曰。山下有風蠱。風欲行。遇山阻之而止。旋轉於山而不能達。風字从虫。故曰蠱以風化。君子欲治其蠱。則莫如振。振者動而不止也。振民育德。即明德新民之道也。是以諸爻皆曰幹。幹者植立之謂。所以飭治而附起之。其義與振同。皆反夫止而用之也。反其止則蠱治矣。若四爻之裕。是益其蠱也。故吝。五爻皆言幹蠱。有子道焉。上爻居五爻之上。處一卦之極。有爲父之象。故不言幹蠱。以幹蠱之事。屬之五爻之王。諸爻之侯。而上爻不復事其事。故曰不事王侯。高尙其事者。謂其事更有高出王侯之上者也。是將以一言而爲天下法。一行而爲天下則。其不言治蠱。而所以治蠱者。其道可爲萬世法則。故象曰。志可則也。若以不事王侯。謂隱居高尙者所爲。仍蹈苟止卑巽之習。非飭蠱。適以滋蠱矣。於爻義未合。總之此卦。五爻所言。

稱父。稱母。稱子。皆家事。上爻則曰王。曰侯。乃國事。邱氏曰。以此爲子。是諍父之子。以此爲臣。是諍君之臣。此言得之矣。

大象曰。山下有風蠱。君子以振民育德。

小畜。風行天上。觀。風行地上。渙。風行水上。無所阻。故皆曰行。蠱。風下有山。風遇山而止。故曰有。行在外也。有在內也。在內必鬱而不宣。鬱久則壞。語曰。蠱自內生。此也。君子當此。以之振起其民。養育其德。艮之止者使之動。巽之入者使之出。將推己之德化民。民亦感其德。而振發有爲。得以革去舊染之汙。日新其德。此君子治蠱之能事也。如是而蠱濟矣。

(占)問時運。目下好運方來。須力圖振作。可改舊觀。○問商業。防貨物堆積致壞。宜起急販運出售。○問戰征。屯營宜就曠地。不宜近山防有風鶴之警。○問家宅。須整肅門庭。凛悔淫蠱惑之戒。○問疾病。防巫蠱咒詛。或腹患蠱毒之症。○問訟事。想是聽人蠱惑所致。急宜罷訟。○問婚嫁。恐有男女私情。○問失物。其物已壞。○問出行。防阻風。○問六甲。防有異胎。

初六。幹父之蠱。有子。考无咎。厲終吉。

象傳曰。幹父之蠱。意承考也。

幹者木之正幹。得枝葉以附立之所以維持木身也。故稱人能耐事負重任曰幹事。蠱者事也。有子者。贊美之詞。即所謂有子克家。是也。考者。父也。沒曰考。蠱者。物腐虫生之謂。其所由來。非一朝一夕之故。是以蠱之諸爻。皆係父子而言之。孝子家庭之間。不幸而父有蠱。蠱而待幹。子心戚矣。然幸而得幹。則考无咎。子亦得以无厲。故吉。

(占)問時運。好運初交。克勤克儉。克光前業。吉。○問商業。舊業重興。必多獲利。○問家宅。想是祖先舊宅。當改造重新。大利。○問戰征。如句踐復吳。子胥伐楚。必獲重興。吉。○問訟事。前不得直。復宜上控。无咎。○問疾病。雖危無妨。若無子者占此不利。○問婚嫁。佳兒佳婦。吉。○問六甲。生男。必能興家。吉。

(占例)和歌山縣材木商某者。初次伐採材木。運售東京大阪等處。後得金主。業亦大振。時東京被火。某商適有材木到東。大得利益。由此多財善沽。愈推愈廣。不料偶罹感冒。遂陷重症。二十餘日而死。在家一妻一子。男年纔十五。一切遺產。如在山之材木。及運往他處之材木。并運送船隻。與金錢出入等欵。當時某商一人自主。妻子皆不詳悉也。一日訪余。告以情實。乃爲其子一筮。得蠱之大畜。

爻辭曰。初六。幹父之蠱。有子。考无咎。厲終吉。

斷曰。此卦山下有風。風者鼓動萬物者也。風在山下。止而不動。故鬱蒸生虫。有羣虫相食之象。今占得此爻。顯見汝父死後。所有採伐材木等。壞耗殆盡。今汝雖幼弱。當思繼續父業。身當艱難。非常勤勉。彼金主亦將感汝之志。出力援助。一切所存材木。并遺金之欵。皆可收納也。謂之幹父之蠱。有子。考无咎。厲終吉也。

後此子。果能勉承舊業。益增興旺。

○明治二十五年。熊田某養子某。占家政得失。筮得蠱之大畜。

爻辭曰。初六。幹父之蠱。有子。考无咎。厲終吉。

斷曰。此卦以長女嫁少男。有一家嗣續之象。在養父負債。非一朝一夕之故。積弊之所由來久矣。初六者。蠱之初。其弊未深。處之不難。是子受父債。力當抵償。故曰幹蠱。有子。父无咎也。幹者謂負擔其事而處之也。厲无咎者。謂雖危終无咎也。

後果如此占。

九二。幹母之蠱。不可貞。

象傳曰。幹母之蠱。得中道也。

幹蠱之解。見初爻下。此爻體巽。以剛中之才。上應六五。巽順而得中道者也。初爻言考。二爻言母。是父沒而母存也。蠱六爻。稱父之蠱四。稱母之蠱一。蓋以婦人無專制也。在亞細亞古來所戒。如書所云牝雞司晨。惟家之索是也。九二以剛中諫其母。故曰幹母之蠱。必若凱風七子之歌。斯爲得矣。以此卦屬之君臣。則二爻爲大臣。五爻必是幼主。或母后也。幼主則爲周公之相成王。過撲伯禽。勸進豳風。皆以婉轉開導。期歸於善是已。女主則爲陳平周勃之輔呂后。狄仁傑婁師德之相武后。從容巽順。輔翼國政。不使蠱時至大壞者也。蓋治蠱固不可過柔。亦不可過剛。過剛則傷恩。過柔則流慢。此爻剛得其中。故能酌量損益之宜。有用剛之實。無用剛之跡。以柔濟剛。彌縫得法。自不致蠱之復熾也。故象傳曰。得中道也。

(占)問時運。目下貴將順調劑。不可草卒。○問商業。防有舊債積弊等事。宜寬緩調處。○問家宅。恐有母黨擅權啓釁。宜忍耐善處。○問戰征。防有陰險。不可直進。○問疾病。壯年防是瘧母痞塊等疾。小兒或是胎氣不足。宜服柔和之劑。○問行人。在半途。後日可歸。○問失物。得。○問婚姻。當得佳婦。

(占例)友人某來告曰。余之親族某歿後。困其家所關。親族將爲之集會妥議。苦難處分。意見未決。爲請一筮。筮得蠱之艮。

爻辭曰。九二。幹母之蠱。不可貞。

斷曰。蠱者山下有風。剛柔不接。有因而生虫之象。巽爲風。爲長女。艮爲山。爲少男。是寡婦幼子主家政也。蠱者腹中之虫。淫晦而生。且有淫惑之事。今親族若欲顯發其隱事。勢必至破裂。其蠱之禍益甚。四爻曰。幹母之蠱。必其子自能處分也。宜緩待四年後。小子長成。蠱將自絕矣。今尚非其時也。友人聞之感曰。親族某氏。以若干資金。開店於橫濱。勤勉得力。獲貲二十萬圓。其妻歿後。納藝妓爲妾。生一子。今纔十歲。某氏歿後。因子尚幼。以母主家事。母與某夥共營其業。遂與私通。因專委家事於某夥。親族皆不懌之。於是某夥將割其資產之半。以爲己有。故親族相會爲之妥議。苦難處分。今得此占。始知處置之法。容俟四年之後。其子成立。相扶協議。自能整理舊業也。後遂依爻定。

○占明治三十年教育上氣運。筮得蠱之艮。

爻辭曰。九二。幹母之蠱。不可貞。

斷曰。此卦山下有風。風爲巽。入山爲艮止。是風在山中。入而不出。風字从虫。故致久釁生蠱。虫無餌。則同類相食。故名曰蠱。就國家上見之。是風化不通。人心敗壞之象。夫人有身有心。故敎育亦即在治身治心兩事。治身首重衣食起居。治心首重仁義道德。人人不乏衣食起居。則恒產充足。自不至流爲匪僻。人人得知仁義道德。則恒心完善。自可以共學聖賢。小之得一家團欒之樂。大之啓國家裕泰之休。我國屹立于亞細亞洲中。土地延長。膏腴寒暖。皆適其宜。不仰他國之物產。而國用充足。禮敎脩明。二千餘載以來。君王則聖聖相承。人民則熙熙樂業。且全國子民。多係天家支派。中世天子賜臣下源平藤橘四姓。其實皆出於皇族。故民之見王室。猶支庶之於大宗。其相愛相戴之情。無異骨肉。迄至武門專權而後。皇威不振。紀綱紊亂。然猶如兄弟鬩墻。終未嘗覬覦王室也。以視他國僭奪相循。以天位作傳舍者。大不相同。而所以歷久不替者。由全賴此。治身治心敎育之澤得以綿延耳。今自維新以來。風敎一變。競新尚奇。見異思遷。行則有鐵道。居則有電燈。海有輪船。陸有電線。鑿鑛採金。通商開埠。視萬國如一家。以四海作比隣。則效泰西。日新月盛。所謂富强之業。未始不令勝於古。而獨於教育之法。竊謂今不如古也。何則。以今慕習歐米學術。使少年英鋭子弟。往習其業。學成歸國。即奉爲師長。以教授在國之子弟。彼儼然爲師者。三五年間。纔學得歐洲奇異之浮文。全般拋棄我國向來身心之實學。凡子弟受其薫陶者。不由智識之順序。不關長幼之秩序。曰自由。唱利己。徒以優勝劣敗弱肉强食爲天則。不復知有仁義道德之天賦。於是身教不謹。心術日壞。爲子者不言孝。爲臣者不言忠。爲弟者不言友。爲友者不言信。殘忍狠毒。汨沒天良。甚至視父母如路人。等兄弟於秦越。作亂犯上。無所不爲。其弊有不勝言者矣。閱今日日新聞所載。殺人盜財姦淫詐僞等事。風俗之壞。渾如蠱毒入心。不可救藥。此教之來。起自泰西。西。陰方也。故謂之母蠱。染蠱已深。未可剛克。故曰幹母之蠱。不可貞。

九三。幹父之蠱。小有悔。无大咎。

象傳曰。幹父之蠱。終无咎也。

幹蠱之解。見初六下。至九三而蠱已深。非有陽剛之才德。難革此弊。此爻承父破壞之後。若復因循坐視。不思補救。是長父之惡。非爲子之道也。然過剛不中。或徑情直行。欲補父過。致傷父心。亦未免有悔也。非剛陽之才。未易言幹。幸能幹之。雖小有悔。可無大咎。謂之幹父之蠱。小有悔。无大咎。小有悔者。所以警之也。无大咎者。所以勸之也。小有悔者。固非善於事親。若因悔而不幹。則咎益大矣。是以三爻幹而有悔。終勝於四爻之裕而得吝也。

(占)問時運。目下宜痛革前非。縱小有挫折。終得有濟。○問商業。宜重興舊業。改立章程。或有小失。必得大利。○問家宅。恐棟宇年久。多致蛀腐。毋惜小費。急宜改造。○問戰征。剛武直進。未免小敗。然必無大害。○問失物。得則必得。防有小小口舌之災。○問六甲。生男。但生下小孩。未免小有疾厄。○問疾病。無妨。

(占例)某會社社長某來。請占會社之盛衰。筮得蠱之蒙。

爻辭曰。九三。幹父之蠱。小有悔。无大咎。

斷曰。蠱者風在山下。爲空氣不通。有因而生虫之象。以會社見之。社業不振。物品賫本。不能通融。社員中因之生紛議也。今占得此爻。知此社之失策。由舊而來。欲挽回之。深慮其難。在本年雖多失策。至年度決算。可無大差。明年爲緊要之時。今後社員當拮据黽勉。除去舊弊。維持社運。至明後年。可奏實功。定卜社運之盛大也。謂之幹父之蠱。小有悔。无大咎。父蠱者。謂此弊承前而來也。明年者。指第四爻。明後年者。指第五爻。可就四五兩爻之辭觀之。

社長聞之曰。占筮可謂適當矣。本年以社員因循。致社業不振。而釀損失。社員中且有不適其任者。每啓蠱惑。以及危殆。故先罷用其人。以僕自任。如貴占料知明年社運之困。生於今日。可卜明後年之隆盛也。

六四。裕父之蠱。往見吝。

象傳曰。裕父之蠱。往未得也。

裕者寬也。與幹相反。裕父之蠱者。謂因循苟且。憚於改作。是寬容其蠱而蠱深也。此爻以柔居柔。不能有爲。爻至四。蠱已過半。治之宜如救焚拯溺。迅速從事。斯克有濟。父既柔懦而積成其蠱。子復柔弱而不能救。持是以往。必見吝也。故曰裕父之蠱。往見吝。此爻變則爲鼎。鼎九四之辭曰。鼎折足。覆公餗。其形渥。凶。亦可以見其益吝也。初六六四。共陰柔。同當幹蠱之象。而爻辭不同。初六居蠱之初。其敗未大。故雖陰柔。其功易成。是所以爲吉也。六四蠱敗過半。其壞較甚。而猶氣餒力屈。不能貞固幹事。是以見吝也。

(占)問時運。運亦平常。但一味因循。終致自誤。○問商業。徒知守常。不知革弊。從此以往。難以得利。○問戰征。威不肅。令不嚴。未可前往也。往必見敗。○問家宅。父業雖裕。敝敗已深。難保其往也。○問疾病。外形尚裕。內患已深。不急圖治。後必莫救。○問六甲。生女。

(占例)友人某來。請占富豪某氏之家政。筮得蠱之鼎。

爻辭曰。六四。裕父之蠱。往見吝。

斷曰。此卦山下有風。風者鼓舞萬物而助生育者也。山者止而不動者也。今山下有風。則風入山中而生虫。謂之蠱。以人事見之。則風者過而不留。爲見識不定之人。又山者止而不動。爲精神委靡之人。如此之人。不能振作大事。徒貪目前小利。甚至與親友相殘。是人中之蠱也。四爻以陰居陰。才智鈍而氣力弱。無義無勇者也。當此蠱壞之家。不能奮然用力。扶弊救衰。而猶優柔偸安。坐視蠱敗。雖在豪家。難保資產。謂之裕父之蠱。往見吝。

某聞之曰。某富豪之父。雖以勉强興家。因無子。養親族之子爲嗣。此子智識尋常。遠不及父。當承家之初。雖小有負債。本有資產可抵。乃少年子弟。忽爲富豪。愚而自用。不聽人言。遂至破敗其產。占辭切當。眞可感服。

六五。幹父之蠱。用譽。

象傳曰。幹父用譽。承以德也。

此爻以柔居剛。又得中而居尊位。與九二剛中之賢臣。陰陽相應。專心委任。使翼爲輔弼。匡救壞亂之舊弊。故曰幹父之蠱。五爻君位。爻辭曰父。知帝王繼有父也。卦中初三兩爻。皆曰幹父之蠱。三則曰有悔。故僅得无咎。初則考无咎。故曰終吉。不可謂非幹之善者也。至五爻不特其父无過。且因而得譽。補其過更揚其名。惡歸己而善歸親。其曲委彌縫。非善繼善述者不能臻此。象傳曰。幹蠱用譽。承以德也。蓋幹蠱則可以才濟之。用譽則必以德承之。故曰承其德也。

占)問時運。雖門祚衰薄。能自振作。自足立身揚名。○問商業。舊業雖不甚佳。此番從新改作。必能獲名獲利。○問家宅。祖遺之產不厚。幸能擴充前業。必至光大門楣。○問戰征。能克復城池。軍聲遠播。吉。○問疾病。當延名醫治之。○問六甲。生男。○問嫁娶。定是名門貴族。

(占例)友人某來請占某豪家改革。筮得蠱之巽。

爻辭曰。六五。幹父之蠱。用譽。

斷曰。蠱謂食貯器中。覆之而風不通。腐敗生虫之象。以國家擬之。必是幼主承統。深居九重。不接外臣。母后垂簾。掌握朝政。於是小人充朝。君子退野。爲宵小蠱惑之時。今六五之君既長。與九二剛健之大臣。陰陽相應。立策定謀。洗除國家積年之舊弊。當其改革之際。尤爲非常之戒嚴。前後七日。兢兢業業。謹慎周幹。謂之先甲三日。後甲三日也。想在豪家家政改革。亦同此理。某豪商內政之弊害。非一朝一夕之故。今得善良之夥友。洗除積年之宿弊。必能奏改革之功也。然此事宜剛不宜柔。宜速不宜緩。不出七日。當果決專斷。謂之幹父之蠱。用譽。

友人聞之大感。云主人夫婦以下。皆已允可。僅僅數日。已得斷行。後果能充復其舊貲。

上九。不事王侯。高尚其事。

象傳曰。不事王侯。志可則也。

此爻爲成卦之主。以剛明之才。居艮止之極。不比九五。亦不應九三。逍遙於外。高居卦極。不關世之毀譽榮辱。其清風高節。足以振起頹俗。激勵人心。其益世豈尠少哉。九五者王也。九三者侯也。不比應之。故曰不事王侯。高尚其事。上九高尚。固非放情物外者所可托也。是不啻治一時之蠱。實足治萬世之蠱也。其志之可則。豈有過哉。故象傳曰。志可則也。

一說。此卦自初爻至五爻。皆以蠱言。不言君臣。而言父子。人臣之事君。與人子之事父一也。此爻位居最上。獨以不事王侯言者。蓋非君非臣。亦非子。是身居父位者也。故高尚其志。不復事天下之事。而其志之所存。實足爲天下法則者矣。

凡讀易者。須先熟察其卦爻之象。與卦爻之時。然後能讀得其辭義也。不然而徒拘泥文字。雖終身讀易。不能得其要。如此爻象傳。无難得其旨。何則。不事王侯。高尚其事之人。雖有才德。不爲人所知。不爲世所用。古今來亦不乏其人。若必指是等人。而稱之曰其志可則。則聖賢君子之用世者。反將曰其志不可則。不幾大妨名教。有害綱常者乎。蓋上九備陽剛之德。居全卦之極。當此蠱壞日甚。不忍坐視天下。是以自初六至六三。奮振其才力。以濟時艱。以光前業。迨蠱壞既除。人人得浴太平富貴之澤。上爻獨脫然勇退。不事王侯。高尚其事。是見幾而作之君子也。其志豈不可則哉。

(占)問時運。宜以退爲進。〇問商業。目下貨價。必將逐漸增高。不必急售。得利。〇問家宅。宜傍高阜之地。吉。〇問疾病。卦爲歸魂。恐天年有阻。〇問婚嫁。必是女貞男良。天緣巧合。〇問戰征。想已値戰勝凱旋之時。〇問出行。宜行商。不宜求名。

(占例)友人某來。請占某貴顯之運氣。筮得蠱之升。

爻辭曰。上九。不事王侯。高尙其事。

斷曰。蠱者由風入山中。欝積而生者也。以國家擬之。政府爲山。有高傲之象。人民爲風。有卑從之象。一高一卑。兩情不洽。渾如物入器皿中。風息不透。濕熱欝蒸。變腐成蠱。同類相食也。曩年外交未通。攘夷鎖國時之政略。恰相似也。然當維新之際。二三雄藩。首創改革。奮發有爲。在幕府諸士。悲墜祖先之遺業。慷慨切齒。欲一死守之。戰爭不止。是時某貴顯。能洞見內外之大勢。調劑兩間。以樽俎息干戈。不使內憂外患。一時並起。是誠治蠱之能臣。非庸庸者所能及也。其功不亦偉哉。今占得此卦。値上爻之位。即爲某貴顯功成身退之象。謂之不事王矦。高尚其事。

䷒ 地澤臨

臨字篆書作[illegible]。从人从臣。从品。人者以君上爲尊。臣者以臣民統之。品者。以品類別之。言人君臨御天下。統率臣民。品別品類之賢否。而器使之。是謂君臨民。尊臨卑。上臨下也。臨又有監守之義。故監字从臨省文。又按臨卦。兌下☱浸上。坤上☷陵下。下陵過乎上。有密邇切近之形。卦體兌爲澤。坤爲地。地在澤上。是地臨澤也。上三陰。下二陽。陽欲上進。是以陽臨陰也。故彖辭曰。下說而依附乎上。上順而反降乎下。附乎上。自下附上。降乎下。是上涖下。總其象謂臨涖也。自有臨辭。遂以臨爲卦名。

臨。元亨利貞。至于八月。有凶。

臨。兌下坤上。兌。說也。坤。順也。坤曰元亨。以順來也。臨得坤之順。故亦曰元亨。兌曰利貞。以說致也。臨得兌之說。故亦曰利貞。元亨利貞。四德也。首備於乾。乾天也。臨民者。宜法乎天。故臨亦備此四德。八月之說。諸儒紛議。然易之道。不外陰陽消長。以辟卦言之。臨爲二月之卦。二月當春仲。陽方長也。八月當秋仲。陽漸消也。陽消陰長。凶道也。故曰至于八月有凶。曰至者。未至而豫防其至之謂也。曰有者。未有而豫慮其有之謂也。若已至焉。若已有焉。凶既臨身。雖欲避之。則已晚矣。聖人以易垂戒。期臨民者先時杜維。亦即履霜堅冰之意也。萬事能有吉而無凶。斯天下可常治矣。

彖傳曰。臨剛浸而長。說而順。剛中而應。大亨以正。天之道也。至于八月。有凶。消不久也。

剛指兌下二畫。謂初爻二爻。浸。漸也。二陽漸長於下而上進也。內兌外坤。內說而外順也。剛中者。謂二爻剛得其中。應者謂五爻。得柔之中以應剛中。是剛柔相應也。大即元。以即利。凡彖傳以字即釋利字。卦德備元亨利貞者。乾坤屯隨臨无妄革。凡七卦。諸卦四德皆從乾六陽來。乾爲天。故曰天之道也。浸而長說而順。是道之得其亨。剛中而應。是道之得其正。所謂盡人以合天也。八月有凶。消未久也。蓋臨當二月。剛浸而長。至八月柔浸而長。剛浸而消矣。未久者。言方消也。即浸之意。剛而浸長。君子應天而行。乃得大亨以正。剛而浸消。君子所當前時而戒。斯能免凶矣。陽長陰消。以天道言。則謂寒暑之往來。以治道言。則謂君子小人之進退。聖人特於臨卦。反覆垂戒。意深哉。

以此卦擬人事。或臨高而望。或臨淵而羨。或臨事而懼。或臨財。或臨難。皆爲臨也。人事之害。不失於剛。即失於柔。剛之長。能濟以柔。柔之長。能濟以剛。斯和悅巽順。剛柔兩得。則必萬事亨通。百爲公正。是人事之至善者也。陰陽消長。天道之循環。固非人力所能挽。而人事之吉凶伏焉矣。淺言之。未寒而不謀其衣。既寒則謀之不及。必致凍矣。未飢而不謀其食。既飢而謀已遲。必致餒矣。推之惡未著時。而不自檢攝。則惡必浸增。至惡大而不可復改。邪未盛時。而不自防閑。則邪必浸熾。至邪極而不可復治。皆凶道也。任其欲而縱之。放僻邪侈。盜跖之所以終盜跖。復其性而明之。戒愼恐懼。伯夷之所以終爲伯夷。天道之陰陽寒暑。在轉移之間。人事之善惡邪正。亦一轉移間耳。臨卦六爻。惟五爻剛柔得中。稱曰知臨。知則明能察幾。自有先時之吉。斯無後時之凶。人事之所以趨吉避凶。道不外是焉。

以此卦擬國家。六五之君。臨御天下。以說得衆。以順承天。握乾而聞坤。擧直而黜枉。臨之以莊。莫不大亨而得正矣。欲以一人臨天下。其勢難。以天下臨天下。其勢易。故人君不貴獨臨。必貴得人以共理。昔舜有五臣。武有十臣。皆是也。此卦六五之君。委任九二剛柔相濟。內說外順。察天時之變。度人事之宜。居正以體元。嘉會以敦亨。利用以裕民。貞固以幹事。道足以教育天下英材。德足以容保子孫黎民。以此而臨一國。而一國治。以此而臨天下。而天下平。而君子不敢自爲已治已平也。謂治難而亂易。必於未亂防其亂。謂泰極即否來。必於未否慮其否。此古人感羽翹而綢繆牖戶。聞牛喘而調爕陰陽者。蓋皆有深慮焉。臨卦六爻。無一言凶。亦以其能思患預防耳。六爻中五居尊位。可謂聰明睿知。足以有臨之聖君。二爻可謂咸有一德之大臣。初爻則行之以正。四爻則至近當位。五爻則敦厚終吉。雖三爻不中。幸其知憂而无咎。一人當陽。群賢彙萃。宜其君明臣良。得以長安而久治也。豈不休哉。

大陽暦者。因方今外國交際頻繁。沿而用之。至其數月。似於月之盈虚失準。然歐米各邦。古亦用大陰暦。故今猶以十二分大陽暦之一年。同以月稱。是以占斷上。數月必據大陰暦。易以冬至爲一月之初。故至一年終始。與大陽暦無有大差。固不復附月之解釋。

通觀此卦。明主在上。爲天下大悅之時也。地勢卑而下順。澤水浸而上悅。水土本相親近。猶人主平易而近民。民皆歡樂而附上也。臨之所以爲臨也。初九九二。同爲咸臨。澤水自山而下也。初九澤猶未盈。故曰行。九二澤水已滿。故无不利。六三水既及岸。故爲甘。六四地與水接。故曰至。六五地澤正應。有知者樂水之象。故曰知臨。上六。地愈厚。澤愈深。故曰敦臨。咸者臨之速也。甘者臨之賊也。至者臨之誠也。知者。臨之明也。敦者。臨之久也。咸臨見其德之能感。甘臨見其性之過柔。至臨見其位之得當。知臨見其道之克明。敦臨見其志之篤厚。蓋忒五之君。不以獨臨。而能任人。故以知臨稱之。用其咸。用其至。用其敦。而君子之道長。去一甘。而小人之道消。陽悅而長。陰順而消。於是天時正。人事和。上下同德。熙熙皞皞。而天下治矣。是誠臨民之極則也。

大象曰。澤上有地。臨。君子以教思无窮。容保民无疆。

上卦之地高。下卦之澤卑。以上臨下。故曰臨。夫臨下之道。不外敎養二者。兌取夫說。敎而能說。以集其思也。坤取夫順。養而能順。是以容其衆也。敎而有思。如澤之浸得其潤。容而又保。如地之厚而能載。无窮者。澤之長也。无疆者。地之廣也。又兌爲口。是以能敎。坤爲腹。是以能容。君子取象澤地。以臨萬民。敎之道在育英材。保之誠如撫赤子。澤普群生。量包一世。斯臨治矣。

(占)問時運。目下作事。恰如一潭活水。流行自在。好運正長。○問商業。澤爲貨物。地爲販運之地也。得此占。其獲利厚而尤遠。大吉。○問家宅。此宅必近水澤之鄉。家業正旺。財丁兩盛。大吉。○問戰征。其陣宜臨水處。不特一時得勝。且有萬民歸服之象。○問疾病。其命可保。其病必延久。一時難愈。○問訟事。恐久久不了。○問婚嫁。兩姓和合。五世其昌。大吉。○問六甲。生女。○問行人。一時未歸。○問失物。在川岸處覓之。保可得也。

初九。咸臨。貞吉。

象傳曰。咸臨貞吉。志行正也。

山澤通氣之卦。名之曰咸。此卦澤上有地。陰陽之氣相感。故初二兩爻。皆曰咸臨。初居卦之始。其陽猶微。與四相應。四以柔而當位。初以剛而得志。行各得其正。乃能應而進於五。相與得行其道。以佐大君知臨之治也。故曰貞吉。象傳曰。志行正也。蓋初爻位居其正。是以志之所行。莫不正也。

(占)問時運。目下新運初交。能守其正。行無不利。○問商業。時當新貨初出。市價平正。儘可販行。無不如志。吉。○問家宅。必是忠厚中正之家。現下適有吉事臨門。大利。○問戰征。初次臨陣。宜從大路進軍。吉。○問疾病。病是初起。証氣既起。

可保即愈。○問婚嫁門戶相當。品行端正。佳耦也。○問訟事。一經臨審。即可了結。○問六甲生男臨盆有喜。

(占例)友人某來請占氣運。筮得臨之師。

爻辭曰。初九咸臨。貞吉。

斷曰此卦地下有澤。澤者爲水所停蓄之處。澤得地而流。地取澤而潤。彼此相臨。故其卦曰臨今足下占得臨初爻。初與四相應。四近尊位。有貴顯之象。但四爻貴顯。陰柔而居陰位。勢力尚有所缺。足下爲初爻。陽而居陽。雖有才智。以無其位。未得行其志。在爻辭曰。咸臨。咸感也。兩情定相感孚。今爲初爻。是初次相見。意氣雖投。尚未可望其速行。必俟二爻咸臨。則无不利矣。必也其在明年也。

於是某敬服而去。

九二。咸臨吉。无不利。

象傳曰。咸臨吉。无不利。未順命也。

此爻成卦之主。以剛中之才。與六五柔中之君。陰陽相應。雖在大臣之位。任官之日猶淺。不保無衆陰嫉之也。故直臨則必有咎。宜待在上之君長。感我才德。而後臨之。然後可得吉也。此爻曰吉。曰无不利。於六爻中特見讚美。蓋初爻以正感。二爻以中感也。象傳曰。未順命也。謂此爻在下體而不當位。故小人未盡從其命也。

(占)問時運。目下正佳。又得貴人照應。大吉。○問商業。初次既獲吉。二次更利。○問家宅。有福星照臨之象。前後皆吉。○問戰征。再接再厲。所向皆吉。但防偏裨中。有不從令者。以致敗事。○問婚嫁。咸利。唯屬羊者最佳。○問訟事。却不致敗。但一時未得順從。○問六甲。生男。但未產也。○問行人。在外者歸期未定。

(占例)友人來請占某貴顯氣運。筮得臨之復。

爻辭曰。九二。咸臨。吉无不利。

斷曰。此卦下之二陽長進。上之四陰衰微。陽者君子。而陰者小人也。君子在位。則國家安寧。萬民得福。是臨民之善者也。今占得此爻。以九二爲貴顯。與六五之君位陰陽相應。謂之咸臨。吉无不利。可知某貴顯本年之運氣大吉。

○明治二十七年。友人金原明善氏。來訪曰。余生長之鄉在遠州。濱松相近。以培植山林爲業。近在東京經營銀行。家鄉舊事。未能兼顧。孫女現已及笄。欲得一配耦。使之相續家督。幷可奉事老母。與余妻共歸故鄉。請占其吉凶如何。筮得臨之復。

爻辭曰。九二。咸臨。吉无不利。

斷曰。臨卦下兌上坤。坤爲老母。兌爲小女。又兌爲說。坤爲順。是老母愛悅少女。少女順從老母也。今占得二爻。其辭曰。咸臨。吉。二爻與五爻相應。二爻陽居柔位。五爻陰居陽位。恰合贅婿之象。爻辭曰吉无不利。可使速完婚姻。若愆時期。三四兩爻。皆不利。明後兩年。未可成婚。必以本年爲吉。金原氏謝而去。

六三。甘臨。无攸利。旣憂之。无咎。

象傳曰。甘臨。位不當也。旣憂之。咎不長也。

甘者。五味之中。爲人之所最嗜。爲怡樂之義。甘臨者。謂不能臨人以德。而以甘言啗之。必無誠心實意也。三爻比近二爻。見二爻衆未從其命。遂欲巧言求進。究之。言雖甘。而位不當。何利之有。既知其非而憂之。反邪歸正。去惡從善。則以今日之是。亦足補前日之非。則可以免咎。謂之既憂之无咎也。象傳曰。位不當也。以陰居陽。是位之不得其正也。咎不長也。幸以其憂之速。故其咎未至於長也。

(占)問時運。運既不佳。行亦不正。幸能知悔。後運可望。○問商業。店基不得其位。惟販運糖業則佳。○問家宅。屋運不佳。宜遷徙爲吉。○問戰征。屯營地位不宜。遷營則吉。○問疾病。藥不對症。宜進苦辛之劑。无咎。○問婚姻。不合。○問行人。外不得利。近時可歸。○問失物。可得。○問六甲。生女。恐難長養。

(占例)明治五年。友人某來。請占某商人氣運。筮得臨之泰。

爻辭曰。六三。甘臨。无攸利。既憂之。无咎。

斷曰。此卦地上有澤。地坤卦。坤以生育萬物爲母。澤兌卦。兌以三索得女爲少女。有母女相臨之義。臨三爻曰甘臨。以陰居陽。位不中正。恰如少女恃寵。以甘言取悅於母。冀專家政。今某商人。占得此爻。知某商人必夙性陰險。專以機巧取利。一旦得志。便自盈滿。如婦人小子之爲。何利之有。若能連改。尙可免咎。

友人曰。甚感易理之妙。某商人嘗以一步金十錢價格。買橫濱吉田新田之沼地若干。後因某豪商爲抵當某省寄托金。以一步一圓價格買之。其地劵爲一步十圓。致之某省。以爲抵當。故某商人一時占萬餘圓巨利。從此遂生驕慢。輕視衆人。其狀恰類狂病者。余將對友人詳說易占之妙。使之轉告某商也。

六四。至臨。无咎。

象傳曰。至臨无咎。位當也。

此爻位近至尊。才志俱弱。以柔順之資。居臺鼎之貴。能略分忘勢。下應初九之剛正。尊賢尙德。情意懇至。故曰至臨。蓋大臣有休休好善之誠。無訑訑自足之意。以至誠之心。感應初九。初九之賢。亦感而悅服。共謀國事。是以无咎。臨政之吉。莫大於此。象傳曰。位當也。謂得柔正之德也。

(占)問時運。好運已至。無不定當。有吉無凶。○問商業。目下販運。正當其時。無往不利。○問家宅。宅位得當。家業興隆。无咎。○問戰征。其時已至。正可臨敵獲勝。○問疾病。雖至危篤。尚可无咎。○問婚姻。彼此之洽。門戶亦當。○問行人。即至。○問失物。即得。

(占例)友人某氏來請占某貴顯運氣。筮得臨之歸妹。

爻辭曰。六四至臨。无咎。

斷曰。此卦內卦兌爲口。外卦坤爲衆。爲俯聽輿論。酌量民情。出而臨事之謂。故名曰臨。四爻具柔正之德。下應初九之剛正。忘勢略分。厚意禮賢。可謂誠之至也。謂之至臨。无咎。某貴顯能體此意。可得无咎。

六五。知臨。大君之宜。吉。

象傳曰。大君之宜。行中之謂也。

知者。智也。知臨者。知人善任之謂也。夫以一人之身臨天下之廣。自任其智。適足以爲不智。惟能取天下之善。任天下之事。如此則知周萬物。道濟天下。是恭己無爲之郅治也。此爻具柔中之德。居至尊之位。下應九二。知其賢而任之。所謂聰明睿知。足以有臨。此爻得之矣。故曰大君之宜。舜之稱大智。合天下之智以爲己智。曰舜好問而察邇言。亦此意也。象傳曰。行中之謂也。謂五有柔中之德。倚任剛中之賢。以成知臨之功。中道而行。是即不偏之謂也。

(占)問時運。目下運得其時。又得好人相助。事事成宜。吉。○問商業。知往知來。通曉商情。自然獲利。吉。○問家宅。有五福臨門之兆。吉。○問戰征。能得軍心。斯知己知彼。戰無不勝也。○問疾病。當得良醫。詳知病由。治之自然得愈。○問婚姻。宜家宜室。大吉。○問失物。有人拾得。久後自知。○問六甲。生男。主貴。○問行人。尙在半途。後日可歸。

(占例)明治二十二年。占某貴顯運氣。筮得臨之節。

爻辭曰。六五。知臨。大君之宜。吉。

斷曰。此爻居五。爲大君之位。爻曰知臨。有大君之象。非人臣所宜。今爲某貴顯占得此爻。五與二相應。五君。二臣也。當以二爻爲某貴顯。知臨者。大君。受大君所知者。某貴顯也。受大君之知以臨政。凡有善政。皆宜歸君。故曰知臨。大君之宜。吉。然位高任重。衆忌所歸。往往宜於君。轉不宜臣。亦陰陽消長之機也。臨六爻無凶。象特於彖曰。至于八月有凶。聖人就此吉卦。突示凶災。蓋以長之初。消即伏之。福之來。禍即繼之。謂吉在今日。凶宜豫防于將來也。易機甚微。未易測度。後十月某貴顯猝遭兇暴所傷。不在八月觀之數。延至十月遯之數。雖筮者有不能確知其數者。然吉凶之理。要不出消長循環中也。後進之士。須注意焉」

○明治三十年五月十二日。訪橫山孫一郎氏於東京山下町。雨宮敬二郎小野金六兩氏。亦在其座。謂余曰。吾輩昨年以來。欲使英國左美以兒商會。買我國公債。極力斡旋。然價値不適。苦慮久之。請占此賣買約劵成否。筮得臨之節」

爻辭曰。六五。知臨。大君之宜。吉。

斷曰。臨者。彼此互相臨之謂也。蓋此卦以兌少女。與坤老母。有相順相悅之象。

公債賣買。意亦如此。我得戰勝償金。欲益擴張軍備。示威信於各國。堅固國家之基礎。因賣公債。俾補不足。彼商會亦將賣與本國低利之商人。得其贏餘。兩下互相謀利。猶老母與少女親悅而成事也。今占得此爻。知即可遂望。事在必成。勿復多慮。

翌日果有四千萬圓公債賣買約成之報。

上六。敦臨。吉。无咎。

象傳曰。敦臨之吉。志在內也。

敦者。篤也。厚也。此卦六五既應九二。上六又從而附益之。謂之敦臨。猶復六四既應初九。六五亦從而附益之。謂之敦復。其義一也。此爻爲坤之極。居臨之終。陰柔在上。與二雖非正應。而志在從陽。屈尊從卑。降高就下。禮意敦篤。是臨道之善持其終者也。故曰敦臨吉。无咎。凡卦於上爻爲極。過極每多危象。此爻曰敦臨。有安土敦仁之義。無過極之慮也。是以吉而无咎。象傳曰。志在內也。內者。

指內卦二陽。雖與內卦無應。上六之志。唯在於內。故曰志在內也。可與泰初九之象傳。志在外也對看。

(占)問時運。目下好運已終。惟其存心忠厚。故得无咎。○問商業。販賣內地。吉。○問家宅。世代忠厚。內外肅穆。吉。○問戰征。宜增兵益餉。以保護內地爲要。○問疾病。培養元氣。勿藥有喜。○問六甲。生女。○問失物。即在家內。未嘗失也。○問行人。即日可歸。

(占例)友人某氏來請占謀事。筮得臨之損。

爻辭曰。上六。敦臨。吉。无咎。

斷曰。此爻居臨之極。功業已完。別無他圖。曰敦臨者。亦於臨道之中。復加敦厚而已。能敦厚以臨。故得吉无咎。今占得此爻。足下亦宜知此意。凡事宜加敦厚。則何謀不遂。何事不成。足下思慮之篤。可於易象見之。

某氏曰。詩云。他人有心。予忖度之。洵先生之謂也。深謝而去。

風地觀

按觀字。从雚。从見。雚即鸛。似鴻而大。雚有白黑二種。白雚巢樹。雚又能變時審變。每天陰晴雨雪。大風大水。氣候不常。向樹上瞻望。隨所見之上下。以爲趨避。故士人亦皆視雚之飛鳴止食。以占常變。見視也。常見曰見。非常曰觀。故合雚與見爲觀。此卦下坤上巽。巽爲風。坤爲地。風本無形可觀。以其觸於物者而觀之。猶上之德化無形。以施于政者觀之。下之性情無形。以發於事者觀之。有相觀而化之義也。是以名其卦曰觀。序卦曰。物大然後可觀。故受之以觀。此觀之所以次於臨也。

觀盥而不薦有孚顒若。

按盥字。从臼。从皿。水在皿上有兩手掬水之象。卦本巽。巽爲入。謂以兩手入水而潔之也。巽爲不果。故曰不薦。坤下坎上。謂比。初爻曰。有孚盈缶。缶亦盛水之器。乾下巽上。謂小畜。五爻曰。有孚攣如。攣。即兩手。均得有孚之象。巽下坤上。謂升。與觀互變。升二爻曰。孚乃利用禴。有用祭之義焉。顒。說文曰。大首也。謂昂首而望之。有觀之象。若。順也。有誠心而奉順之意。不薦有孚。即不動而敬。不言而信。謂觀於盥之用潔。而衆情已孚。有不待薦而始感者也。是觀在心不在貌。孚以神不以迹。即此盥手之初。而精誠所注。天下皆見其心焉。故曰觀盥而不薦。有孚顒若。

彖傳曰。大觀在上。順而巽。中正以觀天下。觀盥而不薦。有孚顒若。下觀而化也。觀天之神道。而四時不忒。聖人以神道設教。而天下服矣。

此卦兩剛四柔。兩剛在上。四柔在下。剛爲大。柔爲小。故曰大觀在上。坤順巽入。是能順而巽也。九五處卦之中。剛居陽位。得中正。天下指四柔。謂其居於上卦之下。五爻爲君。四柔皆臣也。中正之德大而在上。足以爲觀於天下。爲觀之道。

全在精潔誠敬。至中至正。無稍間斷。四柔觀感誠意。咸思進而自潔。有不期其化而自化者矣。故曰下觀而化。觀聖即可觀天。聖道無殊天道。天道神妙。故曰神道。天有神道。而時運不忒。聖有神道。而中正無私。天之道。不言而四時行。百物生。聖之道。不薦而萬民孚也。聖人合天之德。法天之行。神而明之。發爲政教。俾天下沐渥聖化。淪肌浹髓。妙合無言。所謂不識不知順帝之則。猶如戴天而不知天之高者矣。其化道之神爲何如乎。故曰聖人以神道設教。而天下服矣。」

以全卦觀之。陽大陰小。四陽之卦。有曰大過。與大過相反。四陰之卦。有曰小過。大壯卦四陽在下。二陰在上。此卦四陰在下。二陽在上。與大壯反。獨不曰小。象傳曰。大觀在上。以九五陽剛。中正得位。故不言小。此全卦取名之主義也。凡陰盛陽微。必致以柔逼剛。爻多不吉。此卦六爻獨不言凶。亦以五居君位。中正之德。足以儀型天下。羣柔皆仰而觀之。故相觀者不致相持。而柔無復逼剛矣。卦義專取爲觀於下。不取陰盛之象。卦以四爻爲主。四爻以柔居陰。位得其正。上比二剛。下接三柔。率三柔以進於五。仰觀德化。是以四爻爲一卦之主也。初爻始陰在下。位與五遠。所觀者淺。如童蒙然。故曰童觀。二與五本相應。但二陰暗柔弱。不能進而觀光。而僅得窺見其彷彿。是效女子之貞也。故曰利女貞。三爻比四。四爲主觀。三觀四之動作。以爲進退。故曰觀我生進退。四比近於五。觀最眞切。五爲君。四近於君而相得。故爲賓。君之德教。發而爲國之光華。利用者。謂將進而效用也。故曰觀國之光利用賓於王。五爻居一卦之尊。天下之民情風俗。由我而化。所謂正己以正萬民者。故曰觀我生。象曰。觀民也。蓋內而觀我。即外而觀民也。上九居觀之終。剛健有德。雖夙爲民所瞻觀。因其高而无位。不欲出而觀民。惟反而自觀。謹身免咎而已。故曰觀其生。彖稱聖人。象稱先王。皆指五爻君位而言也。彖曰神道設教。以上體乾德。示觀於天下。象曰。省方設教。以俯效巽風。省觀夫民俗也。故卦名之觀。自上觀下。爻辭之觀。自下觀上。義雖不同。各有所取。所謂設教。所以一其觀聽。消其逸志。使之咸歸於中正之域。一道德而同風俗者也。故曰大觀在上。

(附言)神字从示从申。示。唐韻。音侍。垂示也。說文曰。天垂象。見吉凶。所以示也。玉篇曰示。語也。以事告人曰示。申。引伸也。蓋神者。所以引伸其道以示人者也。彖傳曰。聖人以神道設教。是以垂示神道以教天下也。古昔聖王之祭神。以至誠求神告而已。故上則神明假格。下則羣黎服從。觀卦之聖人。以此設教。其妙有不可思議。天下一觀。而感應捷於影響。莫不服聖人之觀也。

余甞慨我邦神教之衰。明治二十四年春。曾創興陰陽寮之議一篇。附記以補神道設教之說。

恭惟我國。稱曰神國。我國治道。稱曰神道。其所由來舊矣。蓋神道。邦語曰惟神之道。惟神者。即隨神之謂也。故一作神隨。觀古先皇之建國。以神祭爲政事。以神勅爲國是。凡一切政事。苟涉疑慮。皆依神教決之。是所以稱我國曰神國也。國君通稱天子。天子者。爲天之子。謂奉天明命。撫臨萬國。尊無二上。以天爲父。故尊之曰天子。上自大臣。下至屬官。皆佐天子以敷教者也。孟子引書曰。天降下民。作之君。作之師。惟曰其助上帝。寵之四方。是天子而能助上帝也。書曰。乃文乃武。乃聖乃神。是天子而即爲神皇也。觀之彖辭曰。聖人以神道設教。而天下服。可知治道通於神道。唯神道乃可以補治道之不及。古者國有大事。必藉卜以決疑。此神道之最彰彰者也。天人感通之理。其在斯乎。夫人雖賢明。不能前知未來之事。唯卜筮則能前知。昔在我國神代之時。垂鹿卜之法。以問神意。稱曰卜問。今奈良春日畜鹿。即此遺意也。後與支那交通。傳得龜卜蓍卜之術。神人感通之道愈備。未來前知之法益明。天地設位。聖人成能。人謀鬼謀。百姓與能。於是朝廷置陰陽寮於中務省。設陰陽頭。陰陽助。陰陽博士。陰陽士等吏員。以供其職。以修其業。令典所垂。自古有然。中世以來。皇政式微。寮廢官闕。然當國家大事。皇上親祭伊勢大廟及賢所。使府縣知事代拜全國官國幣社。告以事由。派遣吏員於外國。使之參拜賢所。奉神威以臨異域。朝廷之崇敬神教。未嘗或替。下民倣之。凡值神誕祭禮。及春祈秋報。陳俎豆以饗神明。薦馨香以祈福佑。雖卜筮之法幾廢。而酬報之禮猶存也。我國地居東海。古號神洲。是以神道之昭垂愈著。民心之愛戴愈虔。凡忠君愛國之忱。罔不自敬神之誠而煥發也。其功如斯。若能盡誠盡敬。開明布敎。克復前徽。斯精靈感格。有求必孚。其靈效之顯赫。當更有進者矣。皇政維新。百廢俱舉。唯於陰陽寮。未見復設。無他。維新事業。多創建於兵馬倥傯之際。既又侵入歐米文物。汲汲模效西學。無暇復古。況西人蔑視神道。創論爲無。故習西法者。多惑其說。信口妄談。謗毀神祇。由是瀆慢之風。行于家庭。則侮父兄。行于府縣。則侮官吏。行于國中。則侮君上。敗人間之秩序。害社會之安寧。方今天下之通弊也。察其弊所由來。皆由神道息微。以致人心狂妄。不知畏敬。極其所至。其禍有不可勝言者矣。可不慨嘆乎。方今聖明在上。獨斷萬機。大臣各進讜言。以相輔佐。復開貴族院衆議院。問國民之輿論。以定國是。是所謂君從相從士從庶民從之時也。然謀於野而不謀於天。詢於民而不詢於神。未始非聖代之缺典也。古者命相則卜之。出師則卜之。求賢則卜之。禮曰。卜筮者。所以決嫌疑定猶豫者是也。古時我國有行之者。即陰陽寮之屬也。今廟堂之官吏。二萬六千人。皆立君子之位。獨陰陽寮職。不聞復古。粤稽古時所稱神隨國者。其敎既廢。其名亦殆將滅絕矣。余雖不背。深爲之懼。意欲修復陰陽之術。推闡感格之誠。然言之則罪犯僭越。不言則罪獲冥明。其罪均也。則寧言之。不若使神國之稱。得踐其實。內可與四千餘萬生靈。同沾幸福。外可使歐西各國。昏昧而不知神道者。得聞此靈明玄妙之眞理也。爰此敢陳興復陰陽寮一議。嗚呼所願當道君子賛成此議。振興輿論。得復陰陽寮之古職。不唯本邦之幸福。實足發世界之光輝也。謹議。

以此卦擬人事。不外觀己觀人兩端。而家業之興替關焉。卦體下坤上巽。二陽在上。四陰在下。五居尊位。一家之主。爲家人所觀仰也。四陰爲家人。皆順從於五。一家之主。首當莊敬嚴肅。時凜承祭見賓之意。使家人觀感而化。羣思澡身浴德。相孚以誠。不敢偏存欺詐。雖家主柔順謙和。絕無苛責。而中正之德。垂爲儀型。自有不言而信。不動而敬者矣。天道正而四時調和。家道齊而一門肅睦。故人倫之重。稱爲天倫。物則之微。協於天則。人能敬從天命。與天合撰。其神妙莫測之機。攸往咸宜。一旦出而臨民。先王所謂省方設教者。措之裕如。而僅施諸一家一門之內。猶其小焉耳。初爻爲一卦之始。如家中之幼子。所觀者小。在小人固无咎也。二爻陰暗柔弱。僅能闚覘彷彿。闚者從門隙而觀之。在女子尙不失其貞也。三爻柔順之極。能以順時進退。故不失其道。四爻比近於五。是家主之親人。其所觀最爲眞切。爲家主所信用者也。五爻則剛陽中正。齊家之主。凡家政之善惡。皆存乎其生。故曰觀我生。上爻居五位之上。爲家主之長親也。雖其人已不關家政。而家人猶必仰觀其道德。用爲法則。故不能不避而自觀也。古昔文王德盛化神。必曰刑于寡妻。至于家邦。可知治國必本治家。所謂觀於家。而王道易易也。此卦全體。陰盛陽微。道極可危。卦名曰觀。五上兩爻。二陽在上。雖不言凶。一則觀我生。一則觀其生。皆孜孜返觀內省。其防危慮患。至深且切。凡人持身涉世。時時能敬凜此旨。庶可无咎矣。

以此卦擬國家。卦象爲陰盛剝陽。唯賴神明之呵佑。挽回衰運之時也。蓋內外二體。外卦爲政府。二陽在位。其中正剛强之德。足爲億兆觀瞻。內卦爲人民。四陰在下。懷柔順卑巽之情。常欲仰觀政化。人民衆多。政府高遠。彼小民不能親觀夫聖德必就近侍夫君者之觀以爲觀四爻比五爲巽同體一卦之主凡下三陰欲進而觀五必先觀四故初曰童觀如孺子之望宮門高不及見也二爻曰闚觀有畏怯不敢直前僅以潛身窺伺也三爻曰觀我生進退三與四近是以得觀親而定進退也四爻比近尊位得親侍聖躬瞻仰國光利用賓於王賓猶臣也即涉見大人之謂也五爲大君中正得位蓋以二陽孤立高而可危故曰觀我生其兢兢業業不開正人而先正己意甚深切六爻居觀之極在五之上身雖無位與五合德曰觀其生蓋其惕厲之意與五亦同統觀四陰之意皆以窺察大君之動作以爲進退二陽在上唯以明德新民孜孜以持盈保泰爲慮爻辭曰盥而不薦有孚顒若謂君能至誠精潔可以格神明即可孚黎庶是恭己南面無爲而治之旨也彖辭即釋此意而引伸之曰大觀在上即有岌岌乎可危之象曰巽而順中正以觀天下就卦體之巽順中正言君首當修明其德爲天下觀觀天之道數句亦從盥而不薦來言天道神化不測寒暑往來四時不忒聖人能效法神道當爲政教於變時雍天下咸服矣象傳曰先王省方

觀民設敎。此即示以觀之之道。蓋彖傳之旨。以觀示下。象傳之旨。以觀察下。統之秉此陽德。足爲民觀。亦足以觀民。而羣陰服從。否則陽德有虧。羣陰即因而上逼。亦可危也。二陽爻皆言君子无咎。君子者。有德之稱。有德則无咎。無德即有咎。反觀而自明矣。爲國家者安可不凛凛哉。

大象曰。風行地上。觀。先王以省方觀民設敎。

坤爲地。爲國土。爲衆。巽爲風。爲命令。此卦風行地上。有施敎於民之象。方者謂四方。省方者。省察四方民心之向背也。觀民者。考驗民風土俗之所尙也。設敎者。隨其地。察其俗。設敎而施治也。夫天下之民情。或爲風氣之所囿。或爲習俗之所移。各有所偏倚。不能歸中正和平之域。先王見風行地上。有周流披拂。無處不徧之象。法此以省方。有噓枯吹新。鼓動萬物之象。法此以觀民設敎。政敎二端。政以束其身。敎以導其心。從省方觀民之後。而復設以敎。則因奢而敎以儉。因惰而敎以勤。斯敎愈善矣。故孟子有曰。善政不如善敎之得民心也。要其敎之深入民心。猶風之遍行天下也。如此則化行俗美。弊革風淸。觀之道。無以加之。謂之省方觀民設敎。

(占)問時運。目下正當振作有爲。宜出外歷覽不宜杜門靜守。○問商業。販運洋貨。風險須防。○問家宅。宅中或舊有供奉神佛。或皈入敎門之家。或是家主設館敎徒。○問戰征。有風雷疾捲之勢。可以掠得土地。收獲民衆。吉。○問疾病。是風濕之症。宜流行活動。血調而風自息。○問出行。遠游吉。傳敎更好。○問訟事。得平勻斷結。○問六甲。生男。○問天時。有風即晴。○問失物。初在地上。被風吹遠。宜遍尋之。可得。

初六。童觀。小人无咎。君子吝。

象傳曰。初六。童觀。小人道也。

童觀者。謂無遠大之識見。猶童穉蒙昧。不能振拔以觀道德之光。此卦六爻。各取義於觀。以地之遠近。分觀之淺深。故其所觀。一爻勝於一爻。此義不可不知也。初爻以陰柔在下。是幼穉之氓。抱昏愚之性。處荒僻之區。所居既遠。所觀亦微。故曰童觀。小人者。以其昏昧。無遠大識見。固不足怪。是以无咎。若君子而如是。不亦可吝乎。故曰小人无咎。君子吝。象傳曰小人道也。以其位卑識微。只得如是。道。即小人道長之道也。

(占)問時運。初運未佳。幸無大碍。○問商業。初立場面。只宜就小。无咎。○問家宅。防有童僕偸竊之患。○問戰征。防有小勝大敗。○問疾病。小人無碍。大人不利。○問行人。宜就近无咎。○問六甲。生女。○問婚嫁。自幼結親。吉。○問失物。防爲小兒抛棄。

(占例)某石炭會社員來曰。當某局石炭購入。試驗甲乙石炭之火力。然後將付之入札。請占其勝敗如何。筮得觀之益。

爻辭曰。初六。童觀。小人无咎。君子吝。

斷曰。觀者見也。見石炭之眞質也。今某局方購入石炭。試驗火力。然後競爭入札。可謂行公平之法則者也。謂之大觀在上。中正以觀天下。今占得初爻。初六在下。僻處遠方。曰童觀。以幼童見識。昏愚短淺。蓋指檢査者之無識也。爻曰小人无咎。君子吝。是正者取敗。不正者得勝之時也。茲競爭者某。富狡猾之智。於試驗之際。其設計行詐。弊有不可勝防者。深恐會社取敗。

後果如是。

○友人來告曰。偶得某豪商招待狀。余同業中。亦當集會。請占此日接待之景況如何。筮得觀之益。

爻辭曰。初六童觀。小人无咎。君子吝。

斷曰。此卦象辭曰。大觀在上。必是一絕大集會也。今占得初爻。初陰在下。地位甚卑。在足下見識高遠。老成簡鍊。余所知也。爻辭曰童觀。小人无咎。恐有屈尊就卑之嫌。接遇如此。小人尙可。君子未免不快於心。外恥于人。內慚于己。謂之童觀。小人无咎。君子吝。

某聞之。如有所疑。因彼好意。亦不能辭。遂臨其席。當日余亦同席。數十人中。某適列末座。某在同業中。智識才力。可駕衆人上。此日受斯接遇。不知何故。

六二。闚觀。利女貞。

象傳曰。闚觀女貞。亦可醜也。

艮爲門。坤爲闔戶。闚觀者。蓋從門隙而窃窺之也。二爻以陰居陰。位得中正。雖進於初爻。其位尙卑。見識亦劣。不能觀剛陽中正之大道。僅見其髣髴而已。蓋子齊人一妻一妾章。其妻曰吾將瞯良人之所之矣。瞯闚字皆从門。義同。是女子之行也。故曰利女貞。在丈夫當目觀天地之廣遠。心觀萬理之幽微。內觀自己之身心。外觀天下之形勢。豈得以潜探暗窺爲得計乎。象傳曰。闚觀女貞。亦可醜也。女以貞爲利。女子而闚觀。尙未爲失。若丈夫則醜矣。亦字承初爻吝字來。初爻以小人勵君子。二爻以女子激丈夫。

(占)問時運。目下運亦不佳。只宜株守。若婦女占之大利。○問商業。蠶絲業大利。餘不佳。○問家宅。必是婦女主家利。○問疾病。是陰寒之症。无害。○問出行。須携眷同往。若行人。必携眷偕歸。○問六甲。生女。○問失物。恐在門隙之間。窺探得之。
(占例)明治二十三年。占貴族院。筮得觀之渙。
爻辭曰。六二。闚觀。利女貞。
斷曰。二與五應。五爻陽剛爲政府。居高而下觀人民。二爻陰柔爲人民。在下而仰觀政府。上下相應也。乃二爻不能正觀。而曰闚觀。以其陰柔。故爲女子也。此卦六爻皆曰觀。而見識高下。各自不同。特就全卦意旨而分釋之。
初爻卦之最下也。在人爲最下等。其見識恰如童子。不辨事理。故其辭曰。童觀。小人无咎。君子吝。
二爻以柔居陰。爲閨中之女子。女子之性。維能主閫內之政。不達世務。故象傳曰。闚觀女貞。亦可醜也。
三爻進二爻一等。有自知之見識。故力之所及則進。不及則退。故辭曰。觀我生。進退。
四爻進三爻又一等。知我知人。所謂大觀達識者也。出用王家。足以觀國之光。

是能束帶立朝。爲王國之賓者也。
五爻中正得位。洵足爲羣黎觀望。五爻不曰俯觀民情。而內觀躬修。是所謂其身正。不令而行者也。故曰觀我生。
上爻居无位之地。是賢臣而功成身退者也。雖不任事。而亦爲民所觀。四爲主卦。以陰而居上下之間。從違之所存。上爻曰觀其生。其指四爻。謂觀四爻之動作也。四爻而君子。必无咎也。象傳曰。志未平也。言上爻之志。猶未安也。全卦之意。概如斯。今占貴族院。得二爻。二爻居陰之正位。上應九五。貴族院者。集皇族華族國家之元老。其他多額納稅者亦與焉。是欲通觀宇內之形勢。創建維新之議論。得與歐米各國競進。取彼之長。補我之短。更將駕各國而上之。爲各國所瞻觀也。爻辭曰。闚觀。利女貞。是以我國一時只知順從。觀猶未遠。殆將激勵而更進之也。此占蓋期見識更進一步。

六三。觀我生。進退。

象傳曰。觀我生進退。未失道也。

我生者。指動作施爲之自己出者。意思之發動。亦謂之生。觀我生進退者。謂省視我志之正邪。我行之通塞。而進退之也。又進者謂往剛。退者謂反柔。繫辭曰。變化者。進退之象。是也。三爻居上下之間。在下卦之上。可以進。可以退。地位較二爻稍近。其見識亦稍勝。故能審觀我生之所宜。以卜進退。度德而就位。量能而居官。隨其可否而進退。謂之觀我生進退。一出而成天下之事。是所行之通也。則可從而進。雖出不能成天下之事。是所行之基也。則可從而退。其出處進退。於己取之而已。象傳曰。未失道也。謂其觀己之才德。察時之可否。以用意於進退去就。雖未至得道。要無誤身失時之憂也。

(占)問時運。目下運却平平。能度德量力。不自妄動。雖無所得。亦無失也。○問商業。謹愼把細。隨買隨賣。聽時計價。決無失也。○問家宅。宜舊宅。不宜轉移。○問戰征。宜審察軍情。隨機應變。決不致敗。○問行人。歸心猶豫未決。○問六甲。生女。○問疾病。全宜息心自養。可保無虞。○問失物。即得。

（占例）友人來訪。云同業者三名糾合。欲創始漁業於北海道。請占前途吉凶。筮得觀之漸。

爻辭曰。六三。觀我生。進退。

斷曰。觀。風行地上之卦也。風之爲物。不可目觀。以物之動搖。始知有風。占之事業。以座上之談論。與最初之胸算。雖如容易。至其實際。有遭遇意外變動之象。今三名連合。創始漁業。其他二人。比足下才智金力。皆居下位。恐有半途輙退之虞。足下若無獨力成全之力量。必不可著手。今占得此爻。曰觀我生。進退。知此事業進退。全在我生。毫不須假他人之力。惟在己預籌其智略。自可定成否也。

後某不用此占。與他人連合。他二人未半途而挫折。某亦預支算外費用。且貸出多額之金。適海魚不發。不獲奏其功。卻取大敗。

六四。觀國之光。利用賓于王。

象傳曰。觀國之光。尚賓也。

王指九五。陽明陰暗。九五陽爻。有光明之象。不言君而言國者。君者專屬當陽一人。國則統朝廷百官而言之也。觀國之光。謂觀國中風俗之美惡。政敎之隆替。光者。國之光華也。賓于王者。謂古有賢者。人君賓禮之。故士之仕進王朝者。謂之賓。明主在上。懷抱才德之士。皆願進仕王朝。輔翼君上。以康濟天下。此君子之志也。四爻近五位之尊。爲一卦之主。黼黻王猷。光被四表。故曰觀國之光。利用賓於王。項氏曰。履正故爲賓。不正即爲敵。是國有光可觀。則賓。國无光可觀。則敵。四以柔居陰。位得其正。纂言曰得陰之正。故有效順而无跋扈也。象傳曰。尚賓也。賓即書所云賓於四門之謂。蓋敬禮之也。此卦四陰二陽。與剝之五陰一陽。陰盛逼陽。勢皆危險。六四爲四陰之魁。進逼君側。五爻以賓禮尙之。是隆其禮而不假以權也。可謂善處其觀者矣。剝之六五曰貫魚。曰以宮人寵。无不利。此爻與剝之六五。交互參看。可以察其義也。

(占)問時運。目下當盛運。求利可。求名尤佳。○問商業。宜販運出洋。不特獲利。且可得名。○問家宅。主有喜事臨門。光增閭里。○問戰征。必得大捷。論功邀賞。垂名竹帛。○問疾病。不利。○問行人。不歸。○問六甲。生男。且主貴。○問訟事。得直。

（占例）明治七年。占某貴顯渡航清國。筮得觀之否。

爻辭曰。六四。觀國之光。利用賓于王。

斷曰。觀者四陰得時。上逼二陽之卦。有臣民得勢。將犯君位之象。今占得四爻。貴顯渡航清國。將與彼國有談判之事。貴顯必能發揚國威。不辱君命。將發我國之光。爲外人所仰觀。彼國之王。當必以賓禮相敬待也。謂之觀國之光。利用賓于王。

某貴顯果如此占。不辱君命。完其任而歸朝。

九五。觀我生。君子无咎。

象傳曰。觀我生。觀民也。

觀我生者。與六三同辭。其義殊異。五爻尊位。居中履正。是當陽首出之一人也。

陽剛在上。爲觀之主。四海之內。由我而化。治道之隆替。風俗之美惡。皆自我生而推暨。故不觀人而觀我。觀之而我之教化善焉。則天下皆有君子之風。是可以无咎矣。謂之觀我生。即中庸所云。本諸身徵諸庶民者是也。象曰。觀我生觀民也。王者以中國爲一人。民心之向替。無不自我。觀我即所以觀民也。

(占)問時運。目下運得其正。直道而行。無往不利。○問商業。當由我把定主意。賣買販運。無不利。○問家宅。此宅必由我建造。君子居之。大利。○問戰征。當審察己營。所謂知己。乃能知彼也。可獲大勝。○問疾病。有命在天。无咎。○問行人。即返。○問失物。仍在身邊。未失也。○問六甲。生貴子。

(占例)友人某爲推選會社社長。請占會社之盛衰。筮得觀之剝。

爻辭曰。九五。觀我生。君子无咎。

斷曰。此卦名觀。有上下互觀之義。下之觀上。仰其威儀。上之觀下。察其賢否。今占得五爻。曰觀我生。則是返而觀己也。謂我而不善。何能望人之善。我而善。自足化人之不善。故觀人不如觀我。今足下選充社長。爲一社之主。社中諸事。皆由足下一人而出也。足下當先內觀於己。社友之從違。咸視足下之向背。雖社運之盛衰。亦在足下而已。足下其自審之。

同氏聞之。努力奮勵。社員及職工。皆感其風云。

上九。觀其生。君子无咎。

象傳曰。觀其生。志未平也。

上爻具剛明之才德。居五爻之上。處一卦之終。雖高而無位。其一動一靜。爲衆人所屬目。既爲衆人所觀。不能不自觀其生。與五同德。故亦與五同觀。觀我生。觀發施之政敎。觀其生。觀平時之行義。稍有不同耳。而要皆以君子爲歸。庶无咎也。象傳曰。志未平也。言上處極必危。雖無其位。未忘恐懼。曰志未平。其謹畏可知也。

(占)問時運。盛運已過。反躬自省。亦无失也。○問商業。此種貨物。已將告罄。由我得價。自然獲利。○問家宅。是老宅基。生息繁盛。有利无咎。○問戰征。軍事將終。

即可旋凱。○問疾病。命運不久。○問訟事。即結。○問六甲。生男。

(占例)明治十八年歲杪。鳥尾得菴君來訪。晨夕談論易理。余言易理玄妙。今日之精通易道者。蓋已寥寥矣。鳥尾君曰。天下之廣。人材之多。豈無一二之通曉者乎。余曰。余自玩易理。二十有餘年。然感通之力。僅得咸之初爻。猶未能窮其奧也。自孔子以來。直得神明變化者。世多不聞其名。由是觀之。彼此之妄談卜筮者。皆皮毛耳。論難數回。鳥尾君曰。有無之論辯。不須煩言。不如一占以決之。乃筮得觀之比。

爻辭曰。上九。觀其生。君子无咎。

斷曰。上爻者卦外無位之地。此卦彖辭首言神道。是假格神明之卦也。諸卦之例。以六爻配三才。以五爲天位。上居五上。是謂天子之父。即天也。今占得上爻。曰觀其生。明明敎余反觀內省。於易之道。果得窺透一二。余不能窺透。即知人亦以未能窺透也。又上爻於時爲未來。今日雖無其人。後世或有能精曉者矣。鳥尾君首肯曰。以此觀之。今時之無其人。可知也。易原非再三可瀆。余亦試一筮。筮得節之需。

象傳曰。不節之嗟。又誰咎也。斷曰。今時求眞通易道者。猶霜月求春花。暑夏欲冬粱。其不可得。天也。非人之咎也。易之靈妙。二筮一旨。相與浩歎而別。

○親友某。爲構造三層房屋。示建築學士繪圖。請占可否。筮得觀之比。

爻辭曰。上九。觀其生。君子无咎。

斷曰。此卦象辭首曰大觀在上。觀字。亦作樓觀之觀。有高樓之象焉。今占得上爻。知學士見識高妙。其以歐米各邦。有名建築之圖。畫爲模範。如此構造。壯則壯矣。歐洲風土氣候。與我國異。則家屋之建築。亦不得不從而異。在建築師。所當體其意而折中焉可也。如我國以夏爲本位而建造。彼國以冬爲本位而建造。故我國家屋。擬西洋構造者。夏日乏風而苦熱。冬日乏陽而苦寒。他如事務室。有旦晝不能滅燭者。此構竣功以後。防有齟齬。多致改造變更之事。故象傳曰。觀其生。志未平也。

䷔ 火雷噬嗑

噬嚙也。嗑合也。嚙而合之也。卦全象頤。以初上二剛爲兩脣。以二三四五四陰爲齒。上下齗齶。有噬之象。以四爻一剛。梗於其間。如物之在口。初上二剛。以四爲梗。遂致上下不得合。下脣動。上脣止。必噬乎四之梗。梗消而兩脣乃合。謂之噬嗑。卦承觀來。序卦曰。可觀而後有合。故受之以噬嗑。嗑合也。既有可觀。後必來合。噬嗑所以次觀也。

噬嗑亨。利用獄。

雜卦曰。噬嗑食也。凡食下咽則口合。有物梗之則口不合。不合則不通。合則亨通矣。故曰噬嗑亨。由是而推之。在家庭則有讒邪以梗之。在朝廷則奸佞以梗之。在道路則有强暴以梗之。一如物之在口。有梗則不通也。欲期其通。當先治其梗。治梗者。利用獄。治獄宜剛。象取初上兩剛。用之者。則在五爻也。獄囚也。外卦離體。外實中虛。有獄象焉。內卦震。震威也。外卦離。離明也。威而且明。有治獄之才焉。故曰利。如是而噬嗑濟矣。

彖傳曰。頤中有物曰噬嗑。噬嗑而亨。剛柔分。動而明。雷電合而章。柔得中而上行。雖不當位。利用獄也。

頤本合也。因中有物梗。則上下不合。卦體初上兩剛在外。二三五三柔分列上下。四爻一剛在中。如頤中有物之象。必得初上兩剛相交。噬而嗑之。嚙去其梗。頤斯合矣。頤合梗去。則亨通也。故曰噬嗑而亨。此卦內卦一剛二柔。外卦二剛一柔。是剛柔相分也。雷動也。電明也。動而明。雷震而電煽。一時合發。威耀交章也。柔得中。指六五言。以柔居剛。爲剛柔得中也。上行。謂五居尊位。柔而處陽位雖不當。而利於用獄。蓋用獄過剛則傷猛。過柔則傷寬。剛柔得中。而獄平矣。統之物有害於口齒間者。人以噬嗑治之。物有害於造化者。天地以雷電治之。物有害於政治者。先王以刑獄治之。所謂噬嗑而亨者。道在此矣。故噬嗑一卦。爲治天下之大用也。

按賁卦亦有物在頤中之象。然上卦艮止。下卦離麗。上止下麗而不動。故不能噬物。雖有頤中含物之象。無噬物之義也。

以此卦擬人事。卦象爲頤中有物。曰噬嗑。謂頤因物梗不能合也。推物之所害。不第頤。然物入於耳而耳必不聽。物生於目而目必不明。物入於胸而胸必致病。物入於心則心必致蒙。是物之害在身也。極之父子之間。有物以間之。則父子乖。兄弟之間。有物以間之。則兄弟離。夫婦之間。有物以間之。則夫婦怨。朋友之間。有物以間之。則朋友疏。是物之有害於彝倫也。欲除其害。在治人則用刑獄。在治己則用內訟。其法一也。動爲雷。明爲電。動以致其決。明以察其幾。動與明合。而賞罰章焉。以位言之。五爻爲君。以德言之。五爻爲心。心所以稱天君也。此卦五爻。以柔居陽。曰柔得中。謂心能柔而用剛。則剛柔得中。斯不失嚴。亦不失寬。而內訟之功用全矣。卦名曰噬嗑。彖辭曰頤。皆取象於齒頰間。故六爻中。曰滅趾。曰滅鼻。曰噬肉。曰噬胏。曰滅耳。皆取象於人身。是誠爲剝膚之災也。在內則物欲去而心身亨。在外則讒邪去而萬事亨。所以善其治者。全在天君也。
易理所賅甚廣。爲家。爲國。爲身。在占之者隨事取之耳。
以此卦擬國家。朝廷中所最害政者。羣僚在位。有一讒佞與立其間。顚倒朝政。惑亂君心。雖有賢能。被其離間。不能協力共事。此國家所以日替也。此卦四爻。一剛在中。間阻上下。即其人也。初上二陽。一上一下。不相會合。二三柔順無能。五爻以柔居陽。比近於四。未免偏聽。雷伏而不動。電匿而無明。治道之不亨。職是之故。彖辭所謂頤中有物者。其象亦猶是耳。頤中有物。治之利用齒。朝中有讒。治之利用獄。而主獄者則在五爻之君。相輔而治獄者則在初上兩剛。然以剛克剛。遇剛則折。猶必用二三兩柔。調劑其間。斯四剛帖服。在五爻之君。以柔居陽。位雖不當。而能發雷之動。效電之明。雷電交作。治道乃章。動而明則刑無或枉。明而動則罪無輕縱。是以剛柔得中。而獄平矣。六爻歷言治獄之方。初輕刑而寡過。二乘剛而易服。三遇毒而无害。四守貞而獲吉。五用中而恤刑。要皆得剛柔之宜。唯上爻酷刑而有凶。是用剛之過也。即足爲治獄者戒。就一卦言。

九四爲頤中之物。即梗法之人。是受獄而待治者也。就六爻言。九四剛直守貞。爲治獄之能才也。蓋卦象而爻辭。各取其義。玩其占者。毋以辭害意也。

通觀此卦。其象取全體象頤。初上兩剛。象口之上下脣。二三五三柔。象齒。四一剛梗於口中。象頤中之物。初上兩剛。爲四梗於其間。遂致上下不能合。故卦曰噬嗑。欲使兩剛上下相合。必去其間之梗物。欲去其梗。利用獄。又取上下雷電二象。爲治獄之用。雷以抉伏。電以燭奸。動則能斷。明則能察。合而施之。刑法昭章。六五雖不當位。以柔居陽。爲治獄之主。專用初上兩剛相合爲治。剛柔合而間去。間去而獄平。卦旨如此。在六爻則又有各取其義。或以初上兩爻无位。爲受刑之人。中四爻爲用刑之人。就卦體觀之。以四爻一剛。爲受刑之人。餘五爻爲用刑之人。然爻辭皆主利用獄。未嘗有用刑受刑之別也。但兩剛不能獨噬。必合諸柔而共噬。故諸爻各有所噬。而噬之中。又分其堅柔焉。二噬膚。膚柔而易噬。其罪輕。三噬腊肉。較膚而稍堅矣。故有毒。四噬乾胏。胏肉而帶骨。較腊肉而益堅矣。利艱貞。五噬乾肉。乾肉者。言獄之已成也。五爲主獄。其所治者。皆刑官之已決者也。五重省之。故貞厲。初曰屨校。初在下。剛猶微。故刑在足。是薄罰也。上曰何校。上居終。剛已極。故刑在首。則過猛矣。兩爻獨不言噬。或之所爲受刑者。其以此乎。總之六爻用獄。各有次第。得其當。故皆曰无咎。利艱貞。則曰吉。用其極。則曰凶。平則勸之。過則戒之。愼之至也。故象傳曰。雷電噬嗑。先王以明罰勅法。言先王明威並用。即刑期無刑之意。易之言用獄。噬嗑與豐二卦最詳。豐曰折獄致刑。噬嗑曰明罰勅法。其審決精詳。足懲後世爰書之濫。此全卦之義也。

大象曰。雷電噬嗑。先王以明罰勅法。

埤雅曰。電與雷同氣。雷从回。電从申。陰陽以回薄而成雷。以申洩而爲電。是皆天地之怒氣。震發而示威於天下者也。有用刑之象焉。或曰。雷出天氣。電出地氣。天地氣合而雷電作。噬嗑即以初上二剛爲雷電。先王取其象以治獄。明以象電之光。勅以象雷之震。罰明使民知避。法勅使民知畏。斯罰無枉曲。法無偏私。朝廷之刑罰。一如天廷之雷電。天以好生爲德。王以恤刑爲心。其道一也。其治隆矣。

(占)問時運。目下正當好運發動。有威儀。有光耀。聲名遠播。上達之象。吉。〇問商業。買者賣者。一時會集。有貨物旺銷之象。吉。〇問家宅。天盤地盤皆動。防有火災。須小心謹愼。可以免禍。〇問疾病。是鬱熱之症。導宜透發。或熱極作狂。須愼。〇問訟事。判決明允。〇問天時。有雷雨驟降之象。雨後即霽。〇問婚嫁。陰陽一氣。定必百年好合。吉。〇問行人。即歸。〇問失物。恐被人吞沒。

初九。屨校滅趾。无咎。

象傳曰。屨校滅趾。不行也。

震爲足。初剛居陽在下。象足。初爲震之下畫。亦象屨。校刑具。木校也。加校於屨。即加於足也。滅沒也。以校之小。僅沒其趾。罪小而罰輕也。初陽猶微。用刑亦寬。小懲之。使不復爲惡而已。故用刑與受刑。兩无咎也。象曰。不行也。古人制刑。有小罪則校其趾。禁止其行。使不敢復蹈前非。故曰不行也。

(占)問時運。目下防有小災。幸無大患。宜愼。○問商業。材木交易。最爲不利。餘商亦宜謹愼。○問家宅。有興工改造之意。无咎。○問疾病。或足患瘡瘍。或患脚氣。症是初發。醫治自易。○問戰征。防有埋伏。宜愼。○問婚嫁。不利。○問行人。未歸。○問六甲。生男。恐小兒有脚疾。

(占例)明治二十三年春。友人某來謂曰。今欲合與一業。請占成否。筮得噬嗑之晉。

爻辭曰。初九。屨校滅趾。无咎。

斷曰。此卦下卦震爲木。有動性。上卦離爲火。其象恰如負薪向火。進必陷難。以勿進爲宜。今占初爻。曰屨校滅趾无咎。然雖曰无咎。不免小懲。象傳曰。不行也。明告以事不可行。宜罷而不復爲。

友人聞之曰。今得此占。愈知其不可爲也。余所欲爲。本非十全之策。當謝絕同人也。爾後友人又來曰。實三人同謀貸金業。若有以株券及公債證書爲抵當借金者。返還之際。一依財主之便宜。予以他證書。得借主承諾之證書貸金。其所抵當公債證書株劵等。連即賣却。又以同一方法貸與其金。次第如此。是不須資本。可得大利。若有請返還者。付以低落之株劵等。萬一事不如意。則隱匿財產。爲破產之策。後奸策發露。二人已下獄。易理之妙。實可驚嘆。

六二。噬膚滅鼻。无咎。

象傳曰。噬膚滅鼻。乘剛也。

膚者。柔輭無骨之肉。噬之甚易。喩獄之易治。滅鼻者。喩得情之深。二爻應五。居中得正。是用刑之得其中正也。刑得中正。則罪人易服。雖噬膚而滅鼻。无咎也。互卦艮爲鼻。此爻居艮之初。上有互卦之坎。以艮陷坎下。有滅鼻之象。象傳曰。乘剛也。乘初之剛。以濟其柔。故噬之。而深沒其鼻也。

(占)問時運。目下平平。因才力淺膚。宜乘大力者行事。○問商業。現時貨物。有膚寸而合之象。不妨深藏待價。乘時出售。吉。○問戰征。膚大也。鼻始也。從今伊始。

可奏膚功。吉。○問家宅。鼻爲祖。滅鼻即滅祖。老宅不利。○問疾病。現下邪在肌膚。致恐深入爲患。○問行人。偕伴而歸。○問婚嫁。定是興旺之家。可成。

(占例)明治二十五年十月二十五日。杉浦重剛。菊地熊太郎。三宅雄次郎。志賀重昂。陸實諸學士。會於星岡茶寮。前一夕。政府有命。停止日本新聞發行。時陸氏爲該新聞主筆。問余以解停之期。筮得噬嗑之睽。

爻辭曰。六二。噬膚滅鼻。无咎。

斷曰。此卦頤中有物之象。噬之粉虀。自得亨也。故曰噬嗑亨。今該新聞紙所載事項。有障害政府。政府停止發行。是其間爲事所梗塞也。噬嗑之卦。利用獄。今六二居下。其罪不重。所謂噬膚滅鼻者。如噬美肉。誤爲熱汁傷鼻。象編輯者。匆卒執筆。觸政府之忌諱。被折其鼻也。鼻屬金。滅鼻者。爲停業而損貨財也。下卦爲震。於數爲八。此爻變爲兌。兌數爲九。今後八日。或至九日。必可解停。後八日。果解停。陸氏贈書。報知杉浦氏。感其奇中也。

○親友某來曰。有一商業。爲有望之事。請占其成否幷吉凶。筮得噬嗑之睽。

爻辭曰。六二。噬膚滅鼻。无咎。

斷曰。此卦口中有物所梗。擬之商業。則爲積貯物品之象。今占得二爻。是輕易看過商事。反來意外損失。噬膚者。謂肉柔而易噬。滅鼻者。爲逢着剛强。商家致遭折鼻。故宜子細留心。愼密從事。可無過也。故曰噬膚滅鼻无咎也。

後果如此占。

六三。噬腊肉遇毒。小吝无咎。

象傳曰。遇毒。位不當也。

腊肉者。肉中藏骨。難噬之物也。骨藏肉中。人所不察。此爻以陰居陽。外柔內剛。有腊肉之象。乾肉歷久。噬之有肉敗生毒。互卦(三四五)爲坎。坎者毒之象。肉毒。如罪人强暴。治之而遇反噬。是可吝也。然用刑非爲不當。故雖可吝。吝亦小焉。終无咎也。象傳曰。位不當也。柔居陽位。不得其當。故罪人不服。而反遇毒也。

(占)問時運。目下運氣不正。於得意事中。每多失意。或待人而反受人怨。幸無大害。○問商業。明明可獲利之業。或反有小損。多以處置不得其當。○問戰征。屯營不得其地。防有小敗。宜謹守。○問家宅。宅神不安。恐有小災。宜禱。○問疾病。藥不對病。幸小病无碍。○問行人。因事未歸。○問六甲。生女。

(占例)友人某來。請占刑事裁判。筮得噬嗑之離。

爻辭曰。六三。噬腊肉遇毒。小吝无咎。

斷曰。此卦爲口中有物。不噬則不通。猶彼我之事。中間被人阻隔。非用力除之。不得調和。今占得六三。曰噬腊肉遇毒。腊肉肉中帶骨。堅韌難噬。久則有毒。如犯人剛强難治。久將反噬。未免有小吝也。然秉公審斷。終得罪狀。故曰无咎。裁判此案。自當審慎。

後果如此占。

○占明治三十年秋豐歉。筮得噬嗑之離。

爻辭曰。六三。噬腊肉遇毒。小吝无咎。

斷曰。此卦頤中有物之象。占年成豐凶。得此卦。尤見適應也。三爻辭曰。噬腊肉遇毒。腊肉者。醃乾之小獸肉。體具備。腊時既久。易致生毒。是食物之不潔者也。此卦有雷電交作之象。防七八月間大雨發損害田穀。秋收不足。穀食缺乏。致人民混食雜糧。或遇毒而致病。謂之噬腊肉遇毒。然今有外國米穀。輸入甚便。得以濟飢。故曰小吝无咎。

是年八月。果氣候不順。洪水遍發。致米穀缺乏。幸輸入外國米。藉以濟荒。

九四。噬乾胏得金矢。利艱貞。吉。

象傳曰。利艱貞吉。未光也。

乾胏。乾肉之有骨者也。其堅至矣。堅以象九四之剛。肉柔骨堅。以象九四之陽居陰位。四剛在中。其治獄。必合初上。兩剛而並治。初剛一畫爲乾。乾爲金。故初有金象。上剛一畫屬離。離爲矢。故上有矢象。四近比五。爲治獄之大吏。初上皆從之。故曰得金矢。金剛矢直。剛與直。爲治獄之要道。九四得之。有何獄之不可治也。故乾胏雖堅韌。不難噬。猶言罪人雖強悍。不患不服矣。在四以柔居剛。剛或剛嚴。故利用艱。柔或過寬。故利用貞。艱且貞。則吉矣。六爻中獨四稱吉。象傳曰。未光也。謂治獄則吉。而四居離之初。離明猶微。故曰未光也。

(占)問時運。目下改舊從新。正當盛運。萬事皆吉。○問商業。譬如食肉得金。有利過於本之象。大吉。○問家宅。家業素封。安不忘危。常不忘變。保家要道。吉。○問戰征。能獲敵糧餉。獲敵弓矢。無堅不摧。所向皆利。但勝時更宜謹慎。爲吉。○問婚嫁。以勤儉之家吉。○問疾病。此症非易治。須謹慎調養。吉。○問六甲。生男。○問行人。在外得利。尚未歸也。

(占例)相識某。因商業上生一大紛議。請占其結果如何。筮得噬嗑之頤。

爻辭曰。九四。噬乾胏。得金矢。利艱貞。吉。

斷曰。此卦有隔絕彼我於中。謀攫大利者。首當用力除去其害。今占得四爻。曰噬乾胏。乾胏堅韌難噬。知其人必剛暴難治。曰得金矢。金矢貴重之品。想所以爭訟者。即在此貴重之金矢也。就金矢取象。金剛象。矢直象。必得一剛直之人。方能判決。然處置甚難。非一時可了。故曰利艱貞。始終忍耐。雖多紛議。自然歸結。可勿勞心也。
後果如此占。

六五。噬乾肉得黃金。貞厲。无咎。

象傳曰。貞厲无咎。得當也。

噬乾肉者。噬肉之無骨易噬。得黃金者。黃爲正。取正中也。金爲剛物。取堅剛也。此爻備剛明之德。尊居五位。即斷獄之君也。乾肉爲肉已乾。獄而至於人君親決。亦必獄之已成者。罪雖已定。而人君猶有罪疑惟輕之意。故曰貞厲。如是而用刑。復何有咎。象傳曰得當也。謂能以柔用剛。守正慮危。治獄之道。得其當也。」

(占)問時運。運正得時。所求所謀。無不如意。吉。○問商業。所販運貨物。皆是上品。乾淨完美。大得利益。不特一時。此業可保長久。吉。○問家宅。方位得當。大利。○問戰征。主敵城柔弱易攻。吉。○問疾病。肉食宜忌。久亦可危。須謹愼調攝。○問行人。正獲利歸來。○問六甲。生男。○問失物。即得。

(占例)占明治二十二年之米作。筮得噬嗑之无妄。

爻辭曰。六五。噬乾肉得黃金。貞厲。无咎。

斷曰。雜卦傳曰噬嗑食也。彖傳曰。頤中有物曰噬嗑。噬嗑而亨。此卦辭皆關食物者也。此卦雷在下。電在上。互卦四爻爲七八月。防有洪水。今占得五爻。爲豐作之兆也。爻辭曰噬乾肉。乾肉可藏。新穀登場。納之倉廩。亦取其藏也。曰得黃金。稻得黃熟時。稱曰遍野黃金。米粒稱曰金粒。玉粒。蓋言豐也。年豐穀熟。販運者廣。米價未必低落。農民既得十分收穫。又得高價出賣。亦謂之得黃金也。

果至七八月間多雨。二三縣雖有被水慘狀。全國概得十分豐登。米價頗貴。知易理之精妙。不可測度。頃日會某貴顯。談及此占。貴顯感歎不措。

○明治二十七年十二月。我海陸軍。在清國山東省威海衛。清國軍艦。據要地防禦。我軍艦在港外。砲擊不得其宜。是月二十日余偶會土方宮內大臣于汽車中。大臣問余以威海衛戰況。余筮得噬嗑之无妄。

爻辭曰。六五。噬乾肉得黃金。貞厲。无咎。

斷曰。此卦爲頤中有物之象。今清兵懲過日之敗。退守僻地。我海陸兵。包圍清國海軍。猶頤中有物也。今占得五爻。戰機正熟。擊敵之堅。可有意外之獲也。謂之噬乾肉得黃金。雖所行危險。可保無害。謂之貞厲无咎也。

後果伊東海軍中將。以水雷艇擊破鐵索。侵入港內。擊沈定遠等數軍艦。敵將丁汝昌以下自殺。鎭遠等軍艦。悉歸我有。

上九。何校滅耳。凶。

象傳曰。何校滅耳。聰不明也。

上居極位。在五之上。爲離上畫。剛明過盛。校木校。刑具也。初陽在下。故校在足。上陽在上。故校在首。何校滅耳。校之厚。知刑之酷也。治獄之道。與其失入。不如失出。宜以欽恤爲心。上九剛强自用。重刑示威。安能無凶乎。故曰凶。象傳曰聰不明也。謂訟曰聽。全在於聰。剛而不中。失其聰。即失其明。故曰聰不明也。

(占)問時運。目下大運已終。能以柔和處世。可保無愚。若任用强。難免凶矣。〇問商業。得利即止。不可過貪。斯无大損。〇問家宅。防有意外之災凶。〇問戰征。切勿前進。前進必凶。〇問疾病。或耳鳴耳聾。或項上生毒。凶。〇問六甲。生男。防有大項聾耳之疾。

(占例)東京麴街酒店主人某。家業上夙操苦心。頃日忽然不理事務。一日午前出家。日暮未歸。家人尋之。不得踪跡。時平川町盲人鈴木孝伯。嘗就余學易。家人因請占卜。孝伯筮得噬嗑之震。

爻辭曰。上九。何校滅耳。凶。

孝伯斷曰。此卦內爲震雷。外爲離火。南離方也。麴街之南。雷火發動者。蒸氣車也。占得上爻。其辭曰。何校滅耳凶。以此推之。恐主人觸蒸氣車。有滅耳而死之象也。

聞者皆驚。或猶未信。既而夜十時。愛宕下警察署。急召喚家人。告以主人鐵道上橫死之事。驗之果首耳俱裂。至是皆敬服易理之妙。余聞之。喜孝伯判斷酷似余言。故附記之。

〇明治三十二年四月。某貴紳妻。初有孕。至臨月。踰期未產。爲占其分娩難易。筮得噬嗑之震。

爻辭曰。上九。何校滅耳。凶。

斷曰。噬嗑之卦。二陽在上下。一陽在三陰之間。即妊娠之象。今占分娩。見有滅耳之辭。是胎兒肥大。難於生產。恐相軋而傷其耳也。後果此婦臨蓐。久不得產。醫師見產婦不堪。將施術截開。漸而分娩。蓋因兒肥大。爲產門所阻。致耳受傷。因以硝酸銀灼之。療其傷也。兒雖不至滅耳。其受傷也確矣。

䷕ 山火賁

賁从卉从貝。此卦上卦艮。艮。山也。詩。山有嘉卉。故賁上从卉。且艮爲果蓏。有卉之象。下卦離。離爲鼈。爲蟹。爲蠃。爲蚌。爲龜。皆貝也。爾雅。龜三足名賁。故賁下从貝。序卦曰。賁飾也。卉貝皆具彩色。是以謂飾。傳氏云。賁古班字。文章貌。言斑駁陸麗有文也。彖辭所謂天文人文。由此來也。爲卦山下有火。山生草木。下有火。照徹。則草木皆被其光彩。書曰。賁若草木。亦足證焉。卦上承噬嗑。序卦曰。嗑者。合也。物不可以苟合。故受之以賁。蘇氏曰。直情而行之謂苟。禮以飾情之謂賁。禮以飾情。在乎相與爲敬。敬則其合可久。此賁所以次乎噬嗑也。

賁亨。小利有攸往。

賁卦上體山。山蘊質素。下體火。火吐文光。下火上燭。則質而有文。故曰賁。文質交錯。剛柔得中。故曰亨。離火之明。遇山而止。則加進者小矣。故曰小利有攸往。

其義。則彖辭詳之矣。

彖傳曰。賁亨。柔來而文剛。故亨。分剛。上而文柔。故小利有攸往。天文也。文明以止。人文也。觀乎天文。以察時變。觀乎人文。以化成天下。

此卦與噬嗑對。以噬嗑變。噬嗑上六五柔來二。變柔爲六二。成離下。是爲柔來文剛。噬嗑下初九剛往上。變剛爲上九。成艮上。是爲剛往文柔。剛柔相雜而爲成。是天下之文也。柔來文剛。離明於內。故無不亨。剛往文柔。艮止於外。故小利有攸往。卦以上爻爲極。極即天也。上爻曰白賁。自然之文。故謂之天文也。九三在人位。爲一卦之主。當文明之盛會。故謂之文明以止。人文也。天文者。日月星辰。光華內煥。不假外飾。自然之文也。人文者。人倫庶物。綱紀在先。節文在後。修飾而成文也。有聖人作。仰觀天文。晦朔何以代明。寒暑何以錯行。察其時變。是欲以人合天也。俯觀人文。導之以禮樂。敎之以詩書。化成天下。是欲以人治人也。是聖人用賁之道也。

以此卦擬人事。賁。緣飾也。質先而文後。凡事之有待致飾者。皆後起也。此即繪事後素之說也。以之言禮。玉帛其飾也。以之言樂。鐘鼓其飾也。以之言宮室。輪奐其飾也。以之言衣服。章采其飾也。是文飾必附質而著。如帛之受采。玉之受琢。有實而加飾。飾之足以增其美也。此卦山得火而煥彩。譬如在人心光透發。面目生輝。內行修明。聲聞卓著。德潤而體胖。實至而名歸。即賁之象也。就六爻言之。初爻賁趾。以處義爲賁。賁得其正。二爻賁須。以與上爲賁。賁得其時。三爻賁如濡如。賁而永貞。賁得其吉。四爻賁如皤如。賁而當位。賁終无尤。五爻賁於邱園。以敦本務實爲賁。賁終有喜。上爻白賁无咎以黜美返樸爲賁。賁乃得志。此六爻之義。所以治全體之賁也。而人事之飾僞而亂直。眞美而誣實者。皆當返而自省矣。

以此卦擬國家。上卦爲山。安止不動。如聖躬之德性鎭定也。下卦爲火。輝光遠耀。如朝廷之政教煥布也。內崇德性。外敷政教。有本有文。剛柔並用。是賁之善者也。推之舞干羽而格頑民。是柔來而文剛。杖斧鉞以安天下。是剛上而文柔。審時定曆。以法天文也。制禮作樂。以昭人文也。德禮以行政。政乃善。忠信以折獄。獄乃平。象曰。君子以明庶政。无敢折獄。即此旨焉。六爻言賁。各有次第。義深旨遠。初剛在下。故曰賁趾。是守道无位之賢人也。二爻柔來文剛。隨剛而動。如須隨頤而動。故曰賁須。是待時而動之君子也。三爻當賁之盛。故曰賁如濡如。是治賁而能守其貞者也。四爻則由離入艮。賁道變矣。故曰賁如皤如。是不隨俗波靡。爲能黜華而崇實也。五爻則爲主賁之君。忘殿陛之華。守邱園之素。故曰賁於邱園。所以厚民生而敦風俗者。道在是焉。上爻爲賁之極。物極必返。故曰白賁。雜卦曰。賁无色也。郅治而期於無刑。盛德而極於無爲。此治道之原也。如是而事濟矣。如是而化成矣。

(附記)觀乎天文以察時變一則

明治十八年一月。余浴於熱海。一夕有大星見於月右。時飯田巽氏先見。呼余出視。余一見如有所悟。不言而入。鄰席有自由新聞社員藤井新藏者。謂飯田氏曰。高島氏一見而入。必有所解。君請往探之。飯田氏乃過余室。叩其故。余曰。難言也。氏問之再三。余曰。數日內當有一大臣瀕死者也。氏曰。子何以知其然乎。余曰。此所以爲難言也。余歷徵多年實驗。乃知星之示變也。子若不信。請觀後日。未幾三日。報有栖川宮殿下薨。氏復曰。子言果中矣。吾終不知其然也。請幸敎我。余曰。易不曰乎。觀乎天文以察時變。此之謂也。

通觀此卦。內離外艮。離文明也。卦德由內達外。以文明爲主。故名卦曰賁。取賁飾之象也。彖傳所言柔文剛。剛文柔。觀天文。觀人文。皆以文致飾。亦以文得亨。是賁之象。由離而來。得艮而濟。此全卦之體也。象傳不曰火在山下。而曰山下有火。是隱然有以山止火之象。以明庶政。明也。无敢折獄止也。亦見文不過質之意。六爻言賁。內三爻離本卦。初二兩爻。賁猶微。惟三爻賁爲盛。下三爻。自離入艮。其言賁。皆黜華崇實。是救賁之偏而反其本也。故四雖疑而无尤。五雖吝而終吉。六无咎而得志。將使之自文還質。無偏勝之患。斯爲賁道之大成也。全卦之義如此。

大象曰。山下有火。賁。君子以明庶政。无敢折獄。

艮山之下有離火。艮。一陽高出二陰之上。陽塞於外而不通。故止。離二陽之中含一陰。是內虛而含明。故明。君子法之以明庶政。庶政者。或兼教養。或兼兵食。洪範所謂八政皆是也。暗則紊。明則治。取之離。而政教明矣。明以致察。過察則失嚴。故於折獄。則曰无敢。无敢者。謂不敢自用其明也。虛明之心存於中。而慈祥之政行於外。明其所當明。而不敢過用其明。取之於艮。明于是乎止焉。豊曰。致刑。以明而動。賁曰无敢。以明而止。不動則民不畏法。不止則民不聊生。有相濟而行也。

(占)問時運。目下正當發動。百事順適。但上有阻止。未能遂意徑行。○問商業。主經理人。才幹强明。足以任事。但精明者必刻利。還宜留意。○問家宅。恐宅中時有火光發動。幸即撲滅。無大害也。○問戰征。前面有山。未易進攻。○問疾病。是欝火上蒸之症。宜息火。猶不可過用寒劑。致眞火撲滅。○問行人。欲歸又止。尙未定也。○問六甲。生女。

初九。賁其趾。舍車而徒。

象傳曰。舍車而徒。義不乘也。

初剛在下。故曰賁趾。徒。徒行也。古者從大夫之後。不可徒行。初无位。故舍車而徒。賁趾者。是踐仁履義。以仁義賁其趾者也。不以乘車爲賁。而以徒行爲賁。乘車者。世之所賁。君子所耻。是以舍之。象傳曰。義不乘也。喜初之能守義也。

(占)問時運。生命清高。不合時趨。以德亨。不以名亨。○問商業。必是肩負買賣。非舟車販運之業。雖小亦亨。○問家宅。是勤儉起家。頗有知足不辱之風。○問戰征。陸軍利。○問行人。中途遇阻。步行而歸。○問疾病。症在初起。不食藥而可愈也。○問訟事。恐有懲役之災。○問失物。已舍去之。尋覓徒勞。

(占例)明治十九年。占某貴顯氣運。筮得賁之艮。

爻辭曰。初九。賁其趾。舍車而徒。

斷曰。此卦上艮下離。所謂高山仰止者。某貴顯之德望也。所謂離明遍照者。某貴顯之功業也。是當今所共知者也。現時退位閒居。今占得賁初九曰。賁其趾。舍車而徒。爻象正合。初爻爲无位。陽剛在下。賁有文也。趾。足也。从止。有退歸之象。舍車。猶舍位而隱也。徒。行也。將復起也。舍車徒行。是某貴顯將潛行民間。窺察民情風俗。以益光文明之治。補維新以來所未脩。是某貴顯之隱衷也。爻象以明示之。在某貴顯爲維新元勳。雖暫退閒。其心豈一日忘天下哉。茲値初爻。賁猶未光。至三而賁盛。至六猶能反其賁以協於中。賁之運正長。知某貴顯。後日必德望愈隆。功業愈大也。彖所謂觀乎天文以察時變。觀乎人文以化成天下。皆可於某貴顯見之。

後果如此占。今輔佐朝政。望同山斗。遇際明良。是賁之所以爲賁也。

六二。賁其須。

象傳曰。賁其須。與上興也。

二以柔居柔。其爻自噬嗑六五柔來。變爲六二。即彖傳所謂柔來文剛也。噬嗑取象於頤。此爻曰須。須。隨頤而動。故註曰。須之爲物上附者也。柔來文剛。文剛者。賁也。故曰賁其須。須眉爲人生之儀表。所謂嚴其瞻視者此也。象傳曰。與上興也。上。謂上卦。噬嗑。興。動也。噬嗑內卦爲震。震爲動。須附上。爻自噬嗑來。故曰與上興也。

(占)問時運。目下平平。只可依人成事。○問商業。與富商合業。必大興旺。吉。○問戰征。必須與大軍同進。方可得勝。○問家宅。叨上人之福澤。藉以光大門楣。○問婚嫁。歸妹以須。尚宜待也。○問六甲。生女。

(占例)明治十四年四月占國會方今我國輿論。咸願開設國會。羣議紛紛。未可臆斷。特占一卦。得賁之大畜。

斷曰。此卦自二至上爲五年。其間不見凶咎。賁下卦爲剝。剝之上即第六年。其凶尤甚。今審度避凶趨吉之方。須就變卦大畜探索。爲之先說賁終剝來之凶象。復述變卦大畜之卦義。

象辭曰。賁亨。小利有攸往。賁者文飾也。凡事飾於外者。必由其內有缺乏也。今當開設國會。各府縣推舉代議士。才力學識。未必完全。多皆徒施外飾而已。彖傳曰。柔來而文剛。剛上而文柔。謂上卦之柔來。賁下卦之剛。下卦之剛上。賁上卦之柔。上下各以剛柔。互相賁飾。此彖義也。今擬之國會。上卦爲官吏。下卦爲代議士。各以論說相抵抗者也。曰賁亨。知國會之事無不亨通。曰小利有攸往。知國會雖可進行。未免有所退止也。曰觀乎天文以察時變。謂當察時機之會。審宇內之勢。以維持國體於不朽也。曰觀乎人文以化成天下。謂應民心之歸向。文運之昌明。開設國會。上下合志。可以計畫國家之安寧。此就彖義而釋之如是。進推六爻。初爻賁其趾。舍車而徒。初爻在下。是无位也。謂微賤下民。亦將持杖徒行。奔走而來觀德化也。二爻賁其須。象傳曰。賁其須。與上興也。二雖進初一等。其人不能自主。隨人之議論以爲議論。如須之隨頤而動也。三爻賁如濡如。永貞吉。象傳釋之曰。永貞之吉。終莫之陵也。三居下卦之上。近比四爻。賁如濡如。賁之盛也。三以陽居陽。卦中爲主。賁會中爲主議。持論不易。能守永貞。

故吉。象謂終莫之陵。言無與相抗也。四爻賁如皤如。白馬翰如。匪寇婚媾。此爻爲政府地位。與三接近。賁如皤如者。謂官吏示以從前政府施行之事狀。白馬翰如者。謂聽者解得政府之實情。匪寇婚媾者。謂感官吏之勤勞。相與輔翼而贊成之也。五爻賁于丘園。束帛戔戔。謂議士中有知邱園之賢士。推荐於朝。當具束帛以招之。使之出而共議國是。故終吉。上爻白賁无咎。乃退位老臣。謂創興國會。未免近於紛飾。終宜黜華崇實。是反本之道也。從此節財省費。得謀裕國之策也。賁之終。剝之始也。更論剝卦之義。剝彖傳曰。剝剝也。柔變剛也。不利有攸往。小人長也。柔變剛者。是小人道長之時也。故曰不利有攸往。戒辭也。初爻曰。剝牀以足。蔑貞凶。陰之剝陽。自下而上。邪害正也。謂有武人惡人民之漸進逼上。欲壓滅其黨類之象。二爻曰。剝牀以辨。蔑貞凶。辨者牀幹也。指黨類之長。初爻旣滅黨類。今又欲殄滅其長之象。三爻曰。剝之无咎。其黨類爲時勢所激。忽起變志。不復顧忌名分。是最不祥之占也。四爻曰。剝牀以膚。凶。有衆陰逼上之勢。漸逼漸近。其凶更甚。五爻曰。貫魚以宮人寵。无不利。謂剝之皆凶。順之則利。有一時委曲保全之象。上爻曰。碩果不食。君子得輿。小人剝廬。謂雖當剝極。必有碩果之僅存者。君子處之。謂終得愛戴。小人處之。謂無所容身。是小人欲剝君子。自己亦罹其災之謂也。以上自賁移剝之卦象也。賁爲文明而止之卦。方今人情。徒慕歐英文化。不察時勢之可否。難免剝落之災。如剝卦所述。故君子必貴思患而預防也。今占得賁之大畜。再釋大畜之義。以示占者。大畜彖傳曰。大畜剛健篤實。輝光日新其德。剛上而尚賢。能止健。大正也。不家食吉。養賢也。利涉大川。應乎天也。大畜者。畜之大者也。專在尚賓養賢。以爲國家用。足以黼黻大平也。初爻曰。有厲利已。象傳曰。有厲利已。不犯災也。初以四爲正應。欲進而四畜之。即爲艮所抑。有不能達志之象。二爻曰。輿說輹。象傳曰。輿說輹。中无尤也。二爻見初三兩爻之止。有同願屈抑之象。三爻曰。良馬逐。利艱貞。曰閑輿衛。利有攸往。象傳曰。利有攸往。上合志也。三爻以剛健之才。欲銳進而從事者也。爲四畜之。使不得進。遂變其志向。謀開墾牧畜等事。曰良馬逐。曰利艱貞。皆開拓牧畜之象。又曰閑輿衛。曰利有攸往。並習練軍事之象。如是有益政府。故謂之上合志也。四爻曰。童牛之牿。元吉。象傳曰。六四元吉。有喜也。此爻爲縣官地位。縣官能使無產士族。從事牧畜開墾等事。猶牧童牛。易畜易制之謂也。五爻曰。豶豕之牙吉。象傳曰。六五之吉。有慶也。此爻亦與六四同。上九曰。何天之衢亨。象傳曰。何天之衢。道大行也。謂全國士民各得其所。天下泰平之象也。

以上國會之占斷如此。至翌年七月。政府頒示實施政令三條。一發布明治二十三年開設國會之令。一爲救濟無資士族。與以八十萬圓之授產金。一政府銳意開造鐵路。計畫中山道及奧羽之布設。與以年八朱之利息保護。皆呈象於大畜之爻義。得時勢之宜者也。易象之靈妙如此。

九三。賁如濡如。永貞吉。

象傳曰。永貞之吉。終莫之凌也。

三以一剛介二陰之間。當賁之盛。賁如濡如。潤澤之象。顧陰能賁人。亦能溺人。

戒之以永貞。在我有常貞之操。斯彼无凌逼之嫌。故曰吉。象傳曰。永貞之吉。終莫之凌也。終字與永字相應。蓋貞而不永。則非有終者也。謂我剛正而永貞。彼自不能凌侮也。

(占)問時運。當此盛運。光華潤澤。名利雙利。大亨。○問商業。財源如水。大得清潤。基業亦可保長久。大吉。○問家宅。屋宇華潔。又得流水掩映。可以久居。吉。○問戰征。一軍皆感被德澤。歡洽同心。可稱王師無敵。○問訟事。得直。彼亦不敢復犯。○問婚嫁。百年偕老。吉。○問六甲。生男。○問行人。衣錦榮耀而歸。○問失物。向水中尋之。得。

(占例)友人某來。請占運氣。筮得賁之頤。

爻辭曰。九三。賁如濡如。永貞吉。

斷曰。此卦一陽居二陰之中。如物入水中。沾濡潤澤。光彩益章。故曰賁如濡如。賁之盛也。然賁飾過甚。外耀有餘。往往內美不足。是賁之流弊也。今我國自維新以來。仕途一變。每多自炫才華。以冀仕進。飾智驚愚。互相標榜。大都如斯。

迨一旦得位。毫無寸能。此輩純盜虛聲者。固可暫而不可永貞也。吉何有焉。足下有意當世。宜踐實德。毋博虛名。持之以貞。守之以永。終得吉也。象傳曰。終莫之陵。謂賁非虛賁。人復誰能相抗也。足下其留意焉。

六四。賁如皤如。白馬翰如。匪寇婚媾。

象傳曰。六四。當位疑也。匪寇婚媾。終无尤也。

四在上卦之下。賁已過中。皤素白色也。翰白色馬也。卦體三四五肖震。震爲白馬。故取白馬之象。震六上曰婚媾。故亦有婚媾之象。四與初爲正應。爲三所隔。不獲相賁。故曰皤如。白馬翰如。亦未獲其賁也。然九三剛正。非寇。乃求婚媾耳。四與初正應。必相親賁。不能終隔也。象傳曰。當位疑。四疑二也。曰終无尤。謂初四正應。終必相合。故云終无尤也。

(占)問時運。目下運有阻碍。安分則吉。明年便可亨通。○問商業。宜迅疾販售。遲緩。防貨物變色。○問家宅。一宅之內。既有喪事。又逢婚事。前塞後通。无咎。○問戰征。有和親通好之議。○問疾病。中胸有阻。故上下不調。積阻消化。便无咎也。

○問行人。有愛女眷戀。一時未歸。○問六甲。生女。

(占例)有人來。請占某縉紳氣運。筮得賁之離。

爻辭曰。六四。賁如皤如。白馬翰如。匪寇婚媾。

斷曰。四以陰居陰。與初爲正應。爲中間三爻所隔。不獲相賁相親。象傳曰。當位疑也。今占得四爻。知某縉紳在局。或亦因中有間阻。致生疑慮之處。然其中乘馬翰如而來者。實欲相與親密。並無他意。四爻初則疑之爲寇。爲將攘奪我利也。至後漸知其眞。疑念始解。故曰匪寇婚媾。當時某縉紳却有是事。初疑後解。兩情甚洽。果如此占。

六五。賁于丘園。束帛戔戔。吝終吉。

象傳曰。六五之吉。有喜也。

丘園者。園之依丘陵者。艮有丘之象。賁于丘園者。謂留意於農桑之事。束帛者。

贈人之物。戔戔者。淺少之意。不賁市朝而賁丘園。敦本也。束帛戔戔。尙實也。五以柔居尊位。能修柔中之德。黜祛奢華。敦崇儉約。如大禹之卑宮室。菲飮食是也。故曰賁于丘園。束帛戔戔。吝。謂居尊位。而留心鄙事。未免吝也。然不失黜華崇實之旨。故曰終吉。象傳曰。有喜也。有喜者。謂實有可喜也。何者天下之俗。成于儉。敗于奢。一人唱之。世風可反於淳樸。則所喜非在一人。喜其能移風易俗也。

一說。丘園爲隱士所居。六五能以束帛。聘求丘園之遺賢。共輔文明之治。聘賢僅以戔戔束帛。禮意未隆。故曰吝。在賢者不以幣帛爲悅。而以恭敬爲悅。是以幣帛雖微。賢者亦應聘而來。故終有吉也。亦通。

(占)問時運。目下恰行正運。然作事一宜儉勤爲吉。○問商業。賣買最宜木材綢物二行。貨物不必多。而獲利頗佳。○問家宅。農桑爲業。勤儉家風。吉。○問戰征。宜招用野老。以作鄉導。可以得勝。○問婚嫁。聘禮雖微。却好得一賢婦。大喜。○問六甲。生男。

（占例）友人來。請占氣運。筮得賁之家人。

爻辭曰。六五。賁于丘園。束帛戔戔。吝終吉。

斷曰。此爻爲五居尊位。崇尚儉德。將率天下而從儉也。故不賁宮殿。而賁邱園。束帛之禮。以誠相將。不尙豐厚。今占得此爻。知足下自幼從事商業。一番辛勤。得有今日。資產豐裕。亦足自樂。近來商業。多習歐美之風。全以欺詐爲術。華麗自誇。反以曩時樸素敦厚。爲可吝也。在吾輩敦尙古風者。不屑與之較也。足下唯當安閒。覔一山林佳處。脩築園榭。栽植花木。以娛心目。爲作養老之計也。人或以吾輩不事世事爲吝。然以此而娛老。以此而傳後。終得吉也。謂之賁于丘園。束帛戔戔。吝終吉也。

友人從此占。亦足自樂。

上九。白賁。无咎。

象傳曰。白賁。无咎。上得志也。

上處賁之終。終極不變。弊將胡底。故賁之義。始因天下之質。飾之以文。終反天下之文。歸之於質。白賁者。素朴自然。是無色也。如寶玉不彫。珍珠不飾。不使文掩其質。白賁之謂也。象傳曰。上得志也。居卦之上。處事之外。矯世俗之文飾。而敦尙樸素。獨行其志。優游自得耳。

凡卦如泰與否剝與復渙與萃等。皆有對偶。唯賁無對。獨於卦中。分賁與不賁兩義爲對。是讀易之訣也。中孚一卦亦然。

(占)問時運。好運已終。勞者宜歸於逸。動者宜返於靜。優游自適。聊以取樂耳。○問商業。現在貨價已高。時令將完。不必裝飾。卽可出售。定得利也。○問家宅。清白家風。位置亦高。吉。○問戰征。身當上將。堂堂之陣。正正之旗。不用譎計奇謀。自然獲勝。吉。○問疾病。病在上焦。宜用清淡之劑。吉。○問行人。得利歸來。○問六甲。生男。○問失物。向高處尋覓。可得。

(占例)維新之際。浦賀官署吏員下村三郎左衛門。舊佐賀藩之士也。罹病日久。來橫就醫。醫曰。病似輕而實重。非滯留受治。恐至危殆。下村氏告於長官。許以留醫。下村氏不以病爲慮。强還任地。長官謂余曰。下村氏之疾如何。子試筮之。

筮得賁之明夷。

爻辭曰。上九。白賁。无咎。

斷曰。下村氏必死。長官曰。醫亦視爲重症。但子何以豫言其死也。余曰。賁者上山下火。今山變而爲地。是離明沒於坤地之象。上九陽變而爲陰。陽者生也。陰者死也。即生變爲死之象。又上九之爻辭曰。白賁。白者喪服也。其死不免矣。

後未一月。果接其訃音。

山地剝

剝不利有攸往。

剝字从刀。彔聲。彔。說文謂刻木也。歸藏則作⿰刀刀。从兩刀。卦體。上艮下坤。艮爲山。坤爲地。山附於地也。卦德。五陰一陽。一陽居上。五陰在下。所謂山者。亦賁耳。陰盛陽微。有岌岌乎山崩爲地之象。彖傳不曰山在地上。而曰山附於地。附。寄托也。已難保安止而不動矣。日削日剝。勢所必至。故名此卦曰剝。剝繼賁而來。以賁之飾極。反而爲剝。離變爲坤。火化爲土。土曠山微。所始培塿。剝之易易。是小人衆而君子孤也。對卦爲夬。夬五陽盛長。決去一陰。故曰利有攸往。剝五陰盛長。剝落一陽。故曰不利有攸往。

彖傳曰。剝剝也。柔變剛也。不利有攸往。小人長也。順而止之。觀象也。君子尚消息盈虛。天行也。

彖傳曰。剝剝也。序卦傳曰。剝者盡也。雜卦傳曰。剝爛也。或又爲脫。爲落。爲褫。爲裂。爲擊。悉取是剝消之義。剝爲陰陽消長十二卦之一。乾之時。一陰始生于下。爲始。爲遯。陰柔益長。陽剛漸消。柔變爲剛。至此僅存上之一陽已。今一陽又將消盡。故名曰剝。陽爲君子。陰爲小人。五陰滅一陽。是小人道長。君子道消。故曰。不利有攸往。小人長也。卦體坤爲順。艮爲止。君子觀此象。宜體坤之順。法艮之止。順以安分。不與小人爭功。止以待時。不與小人競進。消息盈虛。合乎天行。方默持乎氣數。以待一陽之來復也。當此剝亂之會。君子退居無位之地。順其分。止其身。留作碩果。轉移之機。正賴有此君子也。故夬之一陰盡。而姤之一陰即生於下。剝之一陽盡。而復之一陽即生於下。此即消息盈虛天行之循環也。

以此卦擬人事。凡命運之通塞。家道之盛衰。以及富貴貧賤壽夭疾病皆存焉。其實原不外夫陰陽消長。陰陽二字。在人則分邪正。在心則判理欲。在事則別公私。邪人衆則正人孤。欲心熾則理心亡。私事與則公事敗。家道因之衰。命運因之塞。危亦甚矣。人當此時。亦唯順而止。任天行之自然。若欲強而往之。恐必多不利焉。蓋剝之害。自下而來。漸剝漸近。初而剝牀之足。繼而牀之辨。終而剝人之膚。陽愈消。陰愈長矣。雖有三之照應。五之調護。而碩果之存。繫而無用。大廈將傾。獨木支之。巨舟將覆。一索繫之。少存也。雖曰人事。豈非天命哉。家道之衰而復盛。命運之塞復通。皆仗此一陽以作轉機耳。則保此一陽之孤存。豈可不愼哉。

以此卦擬國家。是古今國家治亂之所由來也。大亂之來。不自亂始。至亂極而禍不可力挽矣。正當亂極之時。小人盈廷。忠臣受戮。志士殞亡。以柔變剛。剛陽殆將剝盡矣。如夏之龍逢。殷之比箕。其精忠一往。而輙遭不測者。自古以來。類皆如是。是所謂不利有攸往也。唯若微子之去殷。太公之避紂。我國菅右相之遇貶。爲能順而止也。小則謂明哲之保身。大則謂待時而翊運。剝之上九。所云碩果不食者。即指此翊運之君子也。在小人雖同惡相濟。其間而無稍知名分。顧惜忠良。如剝之六三能應上九。剝之六五能制羣陰。以其柔居陽位。因能抑陰以扶陽。是爲卦中一陽來復之機。即國家危而復安之兆也。天行循環。其運如斯。爲國家者。不幸而時當剝亂。宵可順止。毋爲攸往。斯得矣。

通觀此卦。陰盛剝陽。九月之卦。肅殺之氣。剝落萬物之象也。夫陰陽消長。天行也。治亂盛衰。世運也。造化之理。文勝必敝。朝華之草。夕而零落。此剝所以次賁也。夫禍起于微。悔生于終。强與之爭。終必致災。安而自守。可保厥初。此系辭所云戒其攸往。勉其順止者。即此理也。初爲禍之始。剝之漸也。二則較凶矣。三知從正。其勢自孤。四雖剝至于膚。災切近矣。五居尊位。獨能調劑群情。招懷以恩。女子小人。各安其分。使相率以從陽。不至進而剝止。上爻碩果之得以存者。賴有此耳。善變者轉禍爲福。不善變者。化吉爲凶。是以剝則始凶。而終則不凶也。」

大象曰。山附於地。剝。上以厚下安宅。

地之厚。足以載山。山之重。足以鎮地。地在下。故取廣厚。山在上。故取安鎮。曰山附於地。如物之寄附然。則山幾搖搖欲動。不得安止矣。上謂人君也。山附於地。猶云君附於民。則君亦危矣。君當此時。所宜厚其下。以保其宅之安。上卦艮。下卦坤。剝之漸自下起。故曰厚其下。下厚則上安。即所謂地厚而山安也。爻中曰牀。曰輿。曰廬。多取宅中之物。象曰安宅。從其類也。

(占)問時運。運不甚佳。宜安定自守。无咎。○問商業。須厚其資本。聚積貨物。附運出洋。必獲利也。商以剝人之財爲利。故吉。○問家宅。寄居之宅。可出賣買歸。自己之宅反不利。○問戰征。防敵襲擊。宜厚其兵力。○問疾病。魂不附體。恐不吉。○問行人。附伴而行。即可歸宅。○問六甲。生女。始危後安。○問失物。得則得矣。恐有殘缺。

初六。剝牀以足。蔑貞凶。

象傳曰。剝牀以足。以滅下也。

牀者。人所坐臥也。此卦上實下虛。牀亦上實下虛。故取其象。陰之剝陽。自下而上。初在下。象牀之足。故先剝以足。牀有足而立。剝足則傾矣。傾則凶。蔑滅也。貞。正也。陰之剝陽。即邪之滅正。是小人之害君子也。故曰蔑貞凶。象傳曰。以滅下也。以牀言。足在下。以爻言。初亦在下。故曰滅下也。是剝之始也。一說貞即楨。程傳辨謂幹。則以貞爲楨。幹爲牀之兩邊。楨爲牀之兩端。可備一解。俞氏以剝牀以足蔑爲句。謂固執而不亂。變則凶。是又一解也。

(占)問時運。目下運當剝削。防有足疾。○問商業。堆積貨件。防底足朽爛。或載運出洋。船底受水。被壞。○問家宅。防柱礎門限。有損將傾。○問戰征。防敵攻地道。○問行人。有足疾。不能歸也。○問疾病。是足少陰之症。正不勝邪。凶。

(占例)相識某商來。請占運氣。筮得剝之頤。

爻辭曰。初六。剝牀以足。蔑貞凶。

斷曰。剝自下剝上。剝牀以足。是下滅上。有奴僕滅主之象。今占得初爻。知足下用人不當。防下有不安本分。逞强而輕蔑主人者。爻象如是。足下宜注意焉。其人謝而歸。後聞知渠家雇人不下數十輩。因多不得力。主人擬減其給。下人各懷不平。結黨而掠主家之財。致主家被困。悉與爻象相符。

六二。剝牀以辨。蔑貞凶。

象傳曰。剝牀以辨。未有與也。

辨。程注謂牀之幹也。是牀足之上。牀身之下。分辨處也。初剝足。二剝辨。陰漸而進也。剝至於辨。牀愈危矣。邪盛蔑正。凶與初同。象傳曰。未有與也指上九言。謂二與初同惡相濟。謀剝上九。上九孤陽在上。未有應與。象蓋爲上九危也。

(占)問時運。如去年來。逐漸低下。被人剝削。不能辨白。凶。○問商業。置辦貨物。價漸剝落。不能獲利也。凶。○問家宅。辨。亦通變。言家宅速宜變遷。方得避凶。○問行人。辨裝即歸。○問戰征。未有應接之軍。不可動也。動則凶。○問疾病。病已著牀。未有良醫。防不治也。凶。○問六甲。生女難育。○問失物。未能復有。

(占例)有一紳士來。請占運氣。筮得剝之蒙。

爻辭曰。六二。剝牀以辨。蔑貞凶。

斷曰。此卦五陰剝一陽。故曰剝。二以陰居陽。本與五相應。欲同剝上爻。五爻以柔居陽。且與上比。不復剝上。二將並以剝五。辨爲牀之幹。幹。牀兩邊也。故見二有兩邊並剝之心。是不顧義理。只知剝人利己者也。然如此以剝。難免凶矣。故象傳曰。未有與也。言此等人。必無好相與也。紳士聽之。如有所感而去。後聞。其人貸親族巨萬金。不思感謝。反欲滅沒親族。是最不義也。易理能隱抉其奸。靈顯可畏。

六三。剝之无咎。

象傳曰。剝之无咎。失上下也。

上以陰居陽。與上相應。其類屬陰。故其心在助陽。當羣陰剝陽之時。爲三獨應剛。是以小人而保全君子者也。許以无咎。不沒其善也。象傳曰。失上下也。謂其處上下諸陰之間。獨能去黨而從正。是失其黨也。故曰失上下也。

(占)問時運。運雖不正。能反其所爲。可以免咎。○問商業。同幫皆望高價。己獨潛行脫售。雖失同幫之意。而獨得利。○問家宅。去其椽瓦。平其基地。剝落改造。无咎。○問戰征。是軍中最有計謀者也。雖不與諸軍約會。獨自進攻。可得勝也。无咎。○問疾病。宜消導攻伐之劑。服之得愈。

(占例)明治十七年冬。橫濱洋銀商某來。請占運氣。筮得剝之艮。

爻辭曰。六三。剝之无咎。

斷曰。剝者山崩爲地之卦。故曰剝。五陰漸長。將剝滅一陽。剝者。奪也。削也。今占得三爻。三爻陰居陽位。與上一陽相應。是雖與羣陰同黨。獨不與羣陰同志。故无咎。猶是同此賣買。而能獨出心裁。人棄我取。當必獲大利。就剝之一卦言。謂山變爲地。可見今時價高如山。易一時有低落如地之象。占者宜留意焉。

後某來謝曰。今回爲朝鮮事。洋銀騰貴。余信易占所云。就高價賣之。一時間得數拾萬圓。易占高妙。不可測度。如此。感服感服。

六四。剝牀以膚。凶。

象傳曰。剝牀以膚。切近災也。

剝之災。萌於初爻。至四爻。漸逼漸近。四以陰居陰。與二同惡相濟。在初二居內卦。卦分內外。牀隔上下。距上爻遠。所剝僅在足與辨。四爻與上同卦。愈近則剝愈甚。故直及於膚。就爻次第觀之。初爲牀足。二爲牀辨。三爻爲牀身。四爻則爲牀上之人身。艮爲指。爲喙。有人身之象。故曰剝牀以膚凶。象傳曰。切近災也。剝及於膚。災及其身矣。故曰切近災也。深爲一陽危焉。剝者。小人剝君子。宜爲君子凶矣。初二四三爻。不曰君子凶。而第渾言曰凶。知剝之害。國破家亡。君子固凶。而小人亦難免於凶也。故統象之曰凶。意微哉。一說以膚作簀。簀牀版也。足備一解。

(占)問時運。運大不佳。有身體受傷之懼。○問商業。恐剝耗過甚。又防意外之禍。○問家宅。此宅必破敗不堪。居人亦寥落。致防傾塌。○問戰征。恐主將有災。○問疾病。凶。○問六甲。生女。產婦亦可危。

(占例)富商某來。請占運氣。筮得剝之晉。

爻辭曰。六四。剝牀以膚。凶。

斷曰。剝之爲災。由遠及近。當其遠時。其爲災小。猶可避也。及至切近。雖避難免。今占得四爻。四與上同卦。災已切近。曰剝牀以膚。則剝及肌膚矣。推其災所來知必足下同居中。且爲切近相待之人。或祭祖祈神。期可免災。然恐亦難保矣。並宜速作避居之計。又云占象既凶。並須參觀容貌。如印堂有黑赤氣。或天庭有細赤筋現。必難免禍。今足下幸血色得宜。不露災形。避地或可免也。

某氏聽之大驚。遂避居相州湯本。不料某夥友以販米赴北國。在大阪。賭買米市。大遭耗剝。此夥友平素誠實。爲某所親近。故以數萬金委托之。未嘗疑也。今遭此大耗。夥友忽復生奸計。瞞著主人。隱蔽貲財。拚以一死。唯主人自命。向親族朋友。備謝其罪。事出無奈。亦不復究問易占之垂示昭彰。可不慎哉。

六五。貫魚。以宮人寵。无不利。

象傳曰。以宮人寵。終无尤也。

五爲尊位。以陰居陽。與上比近。知羣陰上逼。一陽已危。無可再剝。陰存護陽之計。以陽制陰。陰衆陽孤。必不受制。不如率陰以從陽也。曰魚。曰宮人。皆陰象。曰貫魚。猶言率衆陰而成貫也。曰宮人寵。是以宮人而受一陽之寵也。一陽既得免剝。衆陰亦得免凶。故曰貫魚。以宮人寵。无不利。象傳曰。終无尤也。六五爲羣陰之首。能率羣背而懾服於君子。碩果之得保存者。五爻之力也。故曰終无尤也。剝者。衆陰皆欲剝陽。惟三五陰而居陽。能爲一陽委曲保護。初以陽居陰。只知有剝。剝之災。實起於初。蓋以初卑微下賤。未見人之尤者也。

(占)問時運。目下氣運堂皇。事事圓到。百无不利。○問商業。可得滿貫滿萬之利。北海海產生業尤佳。○問家宅。有婦女主家之象。○問戰征。須行離間敵軍之計。可獲勝也。○問疾病。是陰虧之症。須自珍愛。尚可無尤。○問行人。有外寵。必將攜件而歸。○問六甲。生女。

(占例)横濱境町森錠太郎氏者。爲英國外商書記。明治十四年春。腹內疼痛。請內外醫診察。服藥無効。疼痛益甚。渠母。請余占之。筮得剝之觀。

爻辭曰。六五。貫魚。以宮人寵。无不利。

象傳曰。以宮人寵。終无尤也。

斷曰。剝者剝落。至上爻。則一陽將盡。有精神消滅之象。占得五爻。速施治療。尚可出萬死而一生。爻辭曰。貫魚以宮人寵。貫穿也。以鍼穿物也。謂宜用鍼刺其穴也。余不通醫道。且於鍼治。不知其適否。唯以易象言之而已。試以鍼治施之。母氏曰。有東京鍼治家若宮氏。與伊宅相近。可招治。余曰。爻辭曰。以宮人寵。其人適姓若宮。最妙。可速招之。其母歸即招若宮氏診察。若宮氏來。先撫患者支體。並聞病狀。如有所感。少間曰。是余所經驗之症。再遲恐不及治矣。即今鍼治。二三時間腹中雷鳴。是平癒之兆。屆時而腹不鳴。則術無所施。及鍼後果腹鳴。苦悶忽減。不日平癒。易之妙理。可謂無微不著也。

余嘗語中村敬宇氏以此占。氏大賞讚之曰。以貫魚爻辭。充鍼治。他人所不能及。予之活斷。敬服敬服。又醫之姓適合若宮氏。可謂奇矣。易之精微如此。

○明治三十二年三月廿八日。占晴雨。

維新之後。余有見舊奉聖像安置於博覽會。此大不敬也。余乃就大綱山。建設聖廟。每年冬至日。占國家之事於此堂。三條相國來觀。蒙賜神易堂額。爾後每年四月八日舉行祭典。是年恐值雨期。爲占一卦。以卜晴雨。筮得剝之觀。

凡占雨者坎在下者有雨坎在上者則否

爻辭曰。六五。貫魚。以宮人寵。无不利。

象傳曰。以宮人寵。終无尤也。

斷曰。此卦全卦無水之象。不雨可知也。五爻變則爲巽。但有風而已。且觀者祭祀之卦。適合祭典。

至期果天氣快晴。午後三時有微風。恐測天家無計証驗也。

凡晴雨之占。小畜之上爻變。必風止而爲雨。其彖辭曰。密雲不雨。至此曰既雨。推爻理。以卦面有水占雨。以水變爲雨止。以內卦爲午前。以外卦爲午後。風亦同之。孔明赤壁之火攻。亦此旨也。

上九。碩果不食。君子得輿。小人剝廬。

象傳曰。君子得輿。民所載也。小人剝廬。終不可用也。

艮爲果。果在樹上。故於上爻。有碩果之象。艮止也。故碩果不食。輿。地也。地以載物。得輿者。得民之所承載也。廬。屋也。用以庇人。剝廬者。無所用其庇也。此爻一陽在上。譬如碩果僅存。高出卦外。非羣陰所得蝕食。故曰碩果不食。原其不食之故。以天道觀之。無衆陽消滅。而羣陰獨存之義。以人事觀之。無君子俱亡。而小人獨存之理。天地之間。豈可一日無善類乎。剝當十月。正萬木搖落之時。大果尙存木杪。果中有仁。足以復生。即剝未盡而陽復生之象。且剝極則亂。亂極則思治。故衆心愛戴君子。謂之君子得輿。小人剝去君子。終自失其所庇。故曰小人剝廬。象傳曰。君子得輿。民所載也。小人剝廬。終不可用也。君子德澤長流。故民必載之。小人惡跡顯著。故終不可用。此爻變則爲坤。是終不可用之象也。」

(占)問時運。目下氣運衰微。一年後即値好運。○問商業。賣出者尙得微利。買入者必多剝耗。○問家宅。忠厚之家。尙有餘澤。刻薄起家者。恐有墻屋傾圮之患。○問戰征。守者无咎。攻者必敗。○問疾病。有飮食不進之慮。○問六甲。生男。是獨子也。

(占例)明治二十三年。爲國家筮元老院。得剝之坤。

爻辭曰。上九。碩果不食。君子得輿。小人剝廬斷曰。剝至上九。所剝將盡。存無幾矣。元老院其或廢乎。
時際國會之興。元老院議官。大抵即爲貴族院議員。或即爲樞密顧問官。其盡心國事同也。元老院自可廢止。在元老院之廢。原可推知。而易象能前時明示。故附記之。

䷗ 地雷復

復从彳。行貌。从复。行故道也。有去而復來。消而復息之義。所謂以坤牝乾。滅出復震。爲餘慶也。故名曰復。爲卦坤上震下。一陽在五陰之下。陰極而陽復。與剝相反。與姤旁通。序卦曰。物不可以終盡。剝窮上反下。故受之以復。此復之所以次剝也。

復亨。出入无疾。朋來无咎。反復其道。七日來復。利有攸往。

復之內卦一畫。自乾之下畫來。一陽即乾。亨即從乾元來。故曰亨。內坤外震。出震入坤。坤爲順。震爲動。以順而動。陰不能傷。故无疾。同類爲朋。震一陽。兌二陽。兌爲朋。一陽先至。朋類皆來。陰不能阻。故无咎。剝之卦。一陽在上而幾盡。復則一陽反生於下。故曰反復其道。道。路也。七日來復。姤五月卦。陰氣始生。復十一月陽氣始生。陰陽反復。凡歷七月。七陽數。故言曰。此爲君子道長之機。故曰利有攸往。

彖傳曰。復亨。剛反動而以順行。是以出入无咎。朋來无咎。反復其道。七日來復。天行也。利有攸往。剛長也。復其見天地之心乎。

復亨。謂陽剛消極而來復。復則陽漸長而亨通矣。剛反者。謂剝之時。剛幾去而不反。出於震而來復。震爲反生。故曰剛反。動而順行。是出入皆在順動之中。故无疾。自動者順。朋來亦順。故朋來无咎。一反一復。其道循環。七日來復。天行之自然也。以順承天。則剛之方反者。日進而盛矣。故利往。剛反言方復之初。剛長言既復之後。剝復消息。天地之氣所默轉。即天地之心所發端也。天地之心。本無所不在。無從窺測。惟生意發露之初。方見得天地之心。故曰復其見天地之心乎。其乎語辭者。愈覺彷彿想見之眞。

以此卦擬人事。是善惡絕續之一轉機也。人雖甚不善。而於平旦之際。未始無片念之偶萌。萌即復也。復則動矣。逆而動。動仍入惡。順而動。出惡而入善矣。道無不亨也。疾於何有。朋以類聚。入夫善。則善朋皆來。自無咎焉。人身一小天也。人有賢愚邪正。即天有雨暘燠寒。人有生老病死。即天有休咎災祥。七日來復。以干支言。至七則爲衝。以建除言。至七則爲破。衝與破則皆爲動。是以有反復也。故人之疾病寒熱。亦往往以七日爲一更。此皆陰陽剛柔之轉移。人與天無二道也。按六爻之辭。初爻爲人遷善之始。是以反身而誠也。二爻見人之遷善。欲同歸於復也。三爻屢復屢失。雖危而終復於善也。四爻謂能舍羣陰而從初陽。是取諸人以爲善者也。五爻以陰居陽。獨得其中。是能安土敦仁者也。上爻居卦之終。六幾於七。而又將變矣。出復凶。深足爲人之遷善者戒矣。易言天道。其所以爲人事垂戒者。至深且切。於復可見天心。復時見天心。不復時則渾是人心矣。天心惟微。人心惟危。可不懼哉。可不愼哉。

以此卦擬國家。是國家治亂之一轉機也。由治入亂。陰之始也。出亂入治。陽之復也。古今來一治一亂。其機莫不如是焉。是故亂不自亂始。治不自治始。機之動也甚微。復之一陽。即其陽之微動者也。其動也順。則其道亨。其往利。如湯武之順天應人。撥亂反正。一著戎衣而天下平也。七日來復。天行也。於格苗而曰七旬。於即戎而曰七年。亦可於此而得七日之義矣。六爻皆指復言。重在進陽也。陽。治道也。即君子之道也。初爻曰不遠復。如殷武丁周宣王漢光武之中興是也。二爻曰休復。如太甲之復位。成王之親政是也。三爻曰頻復。如漢劉先主之治蜀。雖屬偏安。尙無咎也。四爻曰獨復。如大舜之明揚側陋。允執厥中。以從堯而致治也。五爻曰敦復。如啓之承禹。武之繼文。能敦復治道。而致其盛也。若上爻則當戒焉。迷復而不知其凶。自桀紂之亡國者皆是也。易之言在天道。而治道即屬於是。爲國家者。於復而見治之漸。即當於姤而戒亂之始。治亂之機反復間耳。可不愼哉。可不懼哉。

通觀此卦。剝之一陽在上者。復即陽生於下。如雷藏地中。无中含有。乾元資始者。於是露其機。貞下起元。坤元資生者。於是呈其候。天地生物之心。非至是而始有。乃至是而始見也。順而動。動无不亨。順而往。往无不利。出柔而入剛。剛有何病。以我而求朋。朋來何咎。一反一復。其道即在旬日間耳。六爻皆以復道爲辭。初九之不遠復。如克己復禮之顏子。賢而希聖。生而知之者也。六二之休復。下比初九之剛。如友直諒多聞之士。親賢取友之宓子賤。學而知之者也。六三之頻復。如日月至焉之諸子。士而希賢者也。六四之中行獨復。如悅周公孔子之道之陳良。亦聖人之徒也。困而學之者也。六五之敦復。如反乎身之湯武。聖而希天者也。上九之迷復。則如飛廉惡來。怙終而不悛其惡者也。困而不學者也。不唯爲一身之禍。且爲天下禍。故曰迷復凶有災眚終有大敗。聖人於六三之頻復。猶曰无咎。而獨罪上六之迷復。如此其重改過而惡怙終也切矣。係辭傳曰。聖人之情見乎辭。其此之謂乎。

大象曰。雷在地中復。先王以至日閉關。商旅不行。后不省方。

此卦爲十一月卦。故象取至日。是雷伏藏地中也。先王觀此象。以至日閉關而不啓。止商旅而不行。后於是日。亦不省方。蓋爲養其陽氣之方來。而不敢或洩。務爲安靜。所以葆其貞也。月令仲冬。審門閭。謹房室。必重閉。推之即可知閉關之諸象焉。閉關取坤爲闔戶。商旅取坤爲衆民。行取震爲大塗。方取坤爲國土。」

(占)問時運。好運初來。尚未發動。靜以待之。自然獲吉。○問商業。貨物完備。時價亦動。宜暫停售。必得利也。○問家宅。此宅現時閉歇。須待春時。方可遷居。吉。○問戰征。防敵軍埋伏地雷。須暫停戰。以養兵力。吉。○問疾病。是痰火之症。飲食不進。交冬令宜防。○問訟事。一時不能審結。○問六甲。生男。交春分產。○問婚嫁。現因媒人尙未往說。春初可成。吉。○問行人。冬季不歸。開春歸來。○問失物。一時難覓。日後可得。

初九。不遠復。无祗悔。元吉。

象傳曰。不遠之復。以修身也。

此卦初九一陽。自乾陽來。入坤群陰中。忽復本位。名之曰復。卦之復就造化言。爻之復就人心言。是也。此爻復之初。爲復道之始。七日即復。故曰不遠。是以不至悔而得元吉也。元吉者。即復乾之吉也。祗者至也。人雖聖賢。不能無過。唯貴速改。過而不改。則有悔而凶可知也。象傳曰。修身也。修者所以補其缺。正其誤也。占者知此。則人欲日消。天理日明。可以爲聖。可以爲賢。修身二字。包括深遠不可不知也。何則六二之傳曰仁而稱美之。六四之傳曰道而贊歎之。修身二字。兼仁與道。其所關至大。心內而身外。以存養言則在心。以修爲言則在身。身心一也。

(占)問時運。好運即來。漸漸發動。一往順利。大吉。○問商業。前所耗失。即可復得。可免悔恨。大吉。○問家宅。舊業復興。即在目前。大吉。○問戰征。即日可轉敗爲成。大吉。○問訟事。始審不直。再控必勝。大吉。○問婚嫁。主散而復成。大吉。○問行人。不日即歸。吉。○問疾病。靜養即可復。元吉。○問六甲。即日生男。○問失物。即日可得。

此仁字意
共研究不
合有問

(占例)余欲購驅車之馬。適遇兒玉少介君曰。余客歲求良馬於南部。後無音信。遂別購一馬。頃日南部馬至。既隘不容。謂余買之。余乃占其良否。筮得復之坤。」

爻辭曰。初九。不遠復。无祇悔。元吉。

斷曰。此馬不適長途。朝出夕歸。得其宜耳。爻謂不遠復。无祇悔。元吉。可以見矣。初爻變則爲坤。坤曰利牝馬之貞。知此馬必牝。無暴逸之虞者也。

後購得其馬。果如此占。性柔順。最適駕車。

六二。休復吉。

象傳曰。休復之吉。以下仁也。

此爻以陰居陰。得其中正。與初九切比。志從於陽。嘉初之能復於道。甘心下己。以友其仁。切磋琢磨。惡念潛消。善心日生。故曰休復吉。初爻得乾陽之正。開復道之首。故曰元吉。六二取人爲善。自能從容改圖。其功次於初矣。故曰吉。象傳曰。以下仁也。初復於仁。二比而下之。是以吉也。易三百八十四爻。未嘗言仁。此爻言之。所謂復其見天地之心者。天地之心。即仁也。所謂仁元善之旨也。

(占)問時運。目下運氣亦好。事事能擇善而從。故事事得吉。○問商業。能與人共利。其業必興。吉。○問家宅。家庭多休祥之徵。自能與復舊業。吉。○問戰征。一時暫休攻克。姑示其弱。以養銳氣。吉。○問疾病。宜初治之醫。復診視之。吉。○問行人。必從長輩而歸。○問六甲。生女。○問失物。就低下處尋之。

(占例)明治二十四年春。某裁判所長及檢事長。訪余山莊。請占某貴顯辭表後之舉止。筮得復之臨。

爻辭曰。六二。休復吉。

斷曰。雷者。春夏出于地上。秋冬潛於地中。此卦雷復地中。而將再出者也。故某貴顯今日雖優游閒居。可知其復職不遠也。

兩君怪余斷之輕易。曰易如此容易。天下之事。悉可問之於易也。余曰。固然。易之包蘊甚廣。天下之事物。無一不具。而其變化神妙。不可測度。是以無事無物。而不可占也。占之則過去現在未來。皆得明示。其應如響。即貴下於兩造之事。

多匿奸藏詐。掩非爲是。誣眞爲假。不易剖決者。占之而奸計顯露。所謂問諸人。不如問諸神也。不然。貴下等只據法律。憑口辭。安能一一無枉乎。古云卜以決疑。此之謂也。在某貴顯之辭職。世論囂囂。余一揲蓍。神示之以地下有雷之象。二爻之辭曰。休復。知其一時休職。他日必復職也。明矣。象傳曰。休復之吉。以下仁也。即此可知矣。

二人傾服而去。後某貴顯果復職。欽服余斷之不妄也。

六三。頻復。厲。无咎。

象傳曰。頻復之厲。義无咎也。

三爻位不中正。志剛而質柔。質柔則見善而不明。志剛則狂躁而妄動。故屢復而屢失。是以有厲。亦屢失而屢復。終可无咎也。雖有失身虧行之懼。自無長儆遂非之過。故曰頻復。厲无咎。周公之繫辭。隱其屢過之罪。稱其頻復之善。孔子釋之曰。義无咎也。是開人以改過遷善之門也。意深哉。

（占）問時運。一好一歹。時有得失。能据其得而不失。是在人也。○問商業。有虧有盈。能使盈多虧少。虧而復盈。亦可獲利。○問家宅。有遷移不定之象。○問疾病。屢治屢發。雖危可保無害。○問訟事。有頻翻口供。轉致危厲之象。○問行人。歸志未決。○問六甲。生男。頗涉難產。无害。○問失物。失非一次。當可尋得。

（占例）一商人來請占氣運。筮得復之明夷。

爻辭曰。六三。頻復。厲。无咎。

斷曰。復爲雷藏地中。陽氣來復之時。在人爲迷惑情慾。有悔悟復本之象。三爻位不中正。辭曰頻復厲无咎。是謂屢興屢敗。勞而無功。其不至破產者。由於隨時省悟。隨失隨改。故无咎也。夫運之盛衰。天數不可免。在盛運時。如放舟於上流。揚帆於順風。不勞而取功。當其衰運。如浮舟於逆風。以溯上流。不特勞而無功。其不被損傷者殆稀。占者。恐坐此弊。尤當注意運氣之盛衰也。至明後年。運氣乃可回復。

商人聞之感曰。實如此占。從來屢遭失敗。今聞之。始悟其誤。謹守常業。以待時運。

六四。中行獨復。

象傳曰。中行獨復。以從道也。

此爻居五陰駢列之中央。獨應初爻之卦主。故能傑出群陰之間。依附仁人。是心知好善。不移習俗。而能復道者也。故曰中行獨復。所謂擇乎中庸。得一善。則拳拳服膺。而不失之者也。然其所復猶微。故不曰吉。象傳曰以從道也。謂初復于道。而四從之。故曰從道。

(占)問時運。氣運柔弱。意欲振興。惜力不能逮。○問商業。謀畫精當。不失其正。資本未充。爲可惜也。○問家宅。女眷多。男丁少。未免有獨寐寤歌之慨。○問戰征。防中道設伏。○問疾病。虛弱之症。宜從初治之醫調治。○問行人。至中路復回。得伴再歸。○問婚嫁。宜從前媒。○問失物。半途覓之。

(占例)明治二十二年六月。友人某來曰。有人欲購余地。約以相當之價。領收約定金若干。其先亦有人欲購此地。余未定約。今復過余。所約之價高于前購。於是余將致償金於前約之人。請其解約。但不知彼果肯允諾否。請爲一筮。筮得復之震。

爻辭曰。六四。中行獨復。

斷曰。復者一陽來復之卦。有百事復舊之象。故得此卦。旅行無音信者。突然還家。貸金澁滯者。忽而歸復。放蕩游惰者。能復其本心。皆復之象也。則知足下已約之地。亦無阻障。必可復返也。

後果如此占。

六五。敦復。无悔。

象傳曰。敦復。无悔。中以自考也。

五有柔中之德。尊居君位。位得中。故能復。坤爲厚。故曰敦。自知其非。不憚遷善。既能復之。又加以敦。是知之明。力之篤也。則一得而弗失之矣。何悔之有。故曰

此卦一曰修身二曰仁三曰義四曰道五曰敦復者德也故修身之方首要仁義道德四者

敦復无悔。象傳曰。中以自考也。謂初之復。復在近。可免於悔。五之復。復於厚。悔之有無未知。時當返而自考也。蓋初之不遠復。入德之事。五之敦復。成德之事也。

(占)問時運。目下氣運官正。事事從厚。有前功。无後悔也。○問商業。貲財充足。往復獲利。○問家宅。祖基深厚。舊業復光。吉。○問戰征。軍力厚實。可以攻復城池也。○問疾病。病者精神充足。氣體豐腴。无患也。○問六甲。生男。○問失物。宜自忖度。

(占例)某局長來。請占氣運。筮得復之屯。

爻辭曰。六五。敦復。无悔。

斷曰。復者雷在地中之象。動極復靜。故謂之復。今占得五爻。言脩身復道者。復之不已。而又復之。故曰敦復。其復如是。亦可謂躬自厚。而薄責於人者矣。此人督率衆人。衆心感服。復何有悔。時運可知矣。

上六。迷復凶。有災眚。用行師。終有大敗。以其國君凶。

至于十年。不克征。

象傳曰。迷復之凶。反君道也。

上爻居復之終。坤之極。坤爲迷。故曰迷復。迷而不復。故必有凶。有災眚。災自外來。眚由自作。迷溺至此。無往非害。坤爲衆。震爲行。故用行師。坤上六所云龍戰於野。其血玄黃。即行師大敗之證也。行師既至大敗。國君焉得不凶。兵連禍結。至十年而未已。十年者數之終。一敗而終不能振。即謂有迷而終不能復矣。蓋天下之禍。無不由一念之迷溺而來。迷在於身。則一身被禍。迷在於國。則一國被禍。深著迷復之害也。象傳曰。反君道也。復之君。初九陽也。姤之君。初六陰也。上迷復。不奉復之九。而奉姤之六。是陰陽相反也。故曰反君道也。

(占)問時運。運氣顚倒。作事乖張。謹愼免禍。○問商業。貨物不齊。期約不准。市價不的。必致大耗。一時不能復業。凶。○問家宅。防有怪祟。居者多不利。○問戰征。轍亂旗靡。大敗之象。○問疾病。症已危險。久病延年。猶爲幸也。○問行人。在外多凶。十年內恐不能歸也。〇問六甲生女。此女長成。亦大敗之命。

(占例)明治二十年六月。板垣退助君。奉朝命。自高知縣來。朝廷賞賜爵位。以酬前功。氏固辭者再。於是世人多評論之。或曰。氏之決意辭賜。是板垣氏之所以爲板垣氏。其廉退遜讓。非他人所能及。氏爲自由黨之首領。鼓舞衆人。期伸張自由之聲勢。一旦受爵榮。未免爲黨中竊笑乎。或曰。爵位者。朝廷之榮命。氏固辭不受。未免有違勅之譴也。余與板垣君有舊緣。是欲忠告之。往訪旅亭。將命者以病謝。余遂轉訪佐佐木高行伯。面謁曰。余每歲冬至。齋戒沐浴。敬占國事。及諸當道命運。茲占板垣君。得地雷復上爻。

爻辭曰。上六。迷復凶。有災眚。用行師。終有大敗。以其國君凶。至于十年。不克征。」

斷曰。復者一陽來復之卦。積陰之下。伏一陽。以人事觀之。全使此一點微陽。漸漸生發。天下絕大事業。皆從此一陽中做出來。國家之由亂而治。人生去邪從正。悉賴焉。今占得上爻。辭曰迷復凶。是冥迷沈溺。失其本然之明者也。乃至天災人眚之並臻。辱君喪師而莫救。危之至矣。禍莫大焉。爻辭凶惡如是。竊爲板垣君慮之。昔板垣君秉政要路。大有功烈。今既辭職。其所主張。專在自由黨中。人衆類雜。薰蕕不齊。他日激而生變。亦不可測也。爻辭之凶。其或兆於此乎。頃又爲板垣君辭爵。再卜一卦。筮得困之大過。

爻辭曰。九二。困于酒食。朱紱方來。利用享祀。征凶。无咎。

此卦四五之陽。爲三上兩陰所蔽。二之陽。亦爲初三兩陰所蔽。不能通志。是以成困。困于酒食者。見板垣氏現時之困難也。朱紱方來者。謂榮命之下來也。利用享祀者。謂拜受爵位而祝告於神也。征凶者。謂逆朝命而有凶也。拜命。則平穩無事。故无咎也。

此占詳明板垣君之宜敬拜受命也。愼勿復辭焉。板垣君爲閣下舊友。請以余之占辭。轉爲奉告。佐佐木伯曰。子言眞切。余亦感銘。必當告之。子須再訪後藤象次郎。告以此占。余亦與後藤氏謀。必可使板垣君拜命也。於是余又謁後藤伯。告之如前。且致佐佐木伯之意。後藤伯感謝曰。奇哉子之易占。古今未聞其比也。板垣氏之事。余與佐佐木氏謀。必可盡力。請子勿慮。後果聞板垣君拜受爵命。余始心慰。

地裨高見易斷

䷘ 天雷无妄

无妄誠也。是即中庸至誠無息之謂也。序卦曰。復則不妄矣。故受之以无妄。蓋无妄之誠。天之道也。復而无妄。此爲誠之者。人之道也。爲卦乾上震下。乾健也。震動也。健而動。動合夫天也。合乎天即誠也。古聖經傳皆言誠。无妄二字。獨見於易。朱子解中庸誠字。謂即眞實无妄。而解易无妄。謂即實理自然。要之理之出于自然者。天也。天即誠也。誠即无妄也。其旨一也。

无妄。元亨利貞。其匪正有眚。不利有攸往。

元亨利貞。是謂四德。惟乾全具。餘卦曰元亨利貞者。皆從乾來也。元亨利貞。統言之。一正而已。正則无妄矣。故曰无妄。元亨利貞。此乃自然之實理。受之於天。不容間以一毫私意。間以私意。即匪正矣。匪正則妄。妄必多過。故有眚也。既已无妄。不宜妄有所往。故曰不利有所往。

象傳曰。无妄。剛自外來。而爲主於內。動而健。剛中而應。大亨以正。天之命也。其匪正有眚。不利有攸往。无妄之往。何之矣。天命不祐。行矣哉。

此卦內震外乾。剛。乾剛也。自外而來。爲主於內。无妄以初九爲卦主。震初九剛從乾來。故曰剛自外來。就內外卦而言也。動在下。健在上。動而健。是動之得其健也。剛中而應。謂二五也。九五陽剛中正。即无妄之天。六二復以居中得正應之。是應之得其正也。凡彖言大亨。即元亨。以正。即利貞。乾之四德。天之命也。天之所命者。誠也。正也。即无妄也。命得於天。天必佑之。攸往咸宜。吉无不利矣。其匪正則是自背夫天之命也。天必不能保之。行將何往。更有所往。往即入於妄矣。妄則逆天。逆天者天不佑。亦安見其可行哉。程傳釋匪正二字。謂雖无邪心。苟不合正理則妄。知匪正與不正。適乎各別。正與匪正。其辨甚微。其字指三上言。三之災。上之眚。其失甚細。匪正二字。正當體認。

以此卦而擬人事。蓋此无妄之誠。與生俱來。渾然無私。即所謂天命之性也。卦自復來。復秉乾陽一畫。以爲天地之心。天地之心。即无妄之眞元也。元亨利貞。四者即此一心。自古聖人。必如堯舜之執中。湯之用中。孔子之時中。斯可謂大亨以正。渾全天命者也。下如顏子之已而待克。禮而待復。猶藉人爲。其於无妄。尚未達一間耳。此外不必顯背夫理。即於理稍有所偏。如動而過動。健而過健。剛而過剛。往失其正。即此有眚。天不我佑。往必無可往焉。至此而人事窮矣。卦體內震外乾。震。動也。蓋敎人以動合天。動以天則爲无妄。動以人則妄矣。易之垂戒著明。六爻之辭。皆取任乎天者也。違即有咎。初爻備卦德之全。行無不吉。志無不遂也。二爻循當然之理。利本不計。往亦無心也。四爻則剛而无私。守之必貞。咎自无也。五爻則中而又正。如其有疾。可勿藥也。惟三上兩爻。不免近於妄矣。三之災。是牽於得而來也。五之眚。是窮於行而得也。此即象所謂匪正有眚者矣。蓋觀於初二四五四爻。以人合天。吉無不利。觀三上兩爻。幾微不謹。過即隨之。爲聖爲狂。爭此一間。人可不知所勉哉。

以此卦擬國家。蓋所謂无妄者。即唐虞授受。危微精一。千古治統之眞傳也。得之則治。失之則亂。全在大君眞實无妄之一心耳。爲卦內震外乾。乾君也。天也。震動也。行也。乾以君合天。是以健而剛。震動而能行。是以往有吉。古之帝王恭已南面。無爲而治者。惟在此善承夫天命也。故以此而茂對天時。而時無不順。以此養育萬物。而物無不生。時一无妄也。物一无妄也。以无妄對之。以无妄育之。先王法天以行政。一如雷行天下。任時而動。即在无妄之中而已。苟有行焉。而稍不合於正也。則天不我佑。其何以行之哉。其即何以爲政哉。統觀六爻。勸戒昭焉。初爻是温恭允塞。誠至而物自化也。故曰无妄往吉。二爻是不言而信。不動而敬。不期治而自治也。故曰利有攸往。三爻是有意求治。轉得此而失彼也。故曰有災。四爻是剛柔相濟。爲能久於其道也。故无咎。五爻是以道自治。不待以亂治亂也。故曰勿藥有喜。上爻是好大喜功。行之有過也。故曰无攸利。爲國家者。保其无妄。祛其匪正。健而能動。剛而得中。庶哉四時行。百物生。應天順人。德美化行。大亨以正。而天下治矣。

所謂爻象動乎内則出見乎外

通觀此卦。上乾下震。動合夫天。剛而得中。故名曰无妄。无妄者渾全實理。絕無意外期望之謂也。是以循其實理之自然。則往无不利。出乎實理之所非。則動必得咎。雖禍福之來。亦有不測。福自天降。天所佑也。禍而天降。如六三之災。九五之疾是也。禍而自致。則匪正之眚是也。六爻中言吉。言利。言災。言疾。言喜。言眚。皆所謂禍福也。初爻爲卦之主。渾全元善。故吉。二爻循乎自然。不假造作。故利。四爻止所當止。守之以恒。故无咎。上爻居卦之終。極而復動。故有眚。凡爻象。初動者必終靜。初靜者必終動。此卦初往吉。二往利。皆取其動也。三災。四貞。五疾。皆勉其守而勿動也。上有眚。則戒其動之窮也。卦體乾健震動。故初象多動。動極反靜。故終必靜也。知夫此。可以談无妄之卦。

大象曰。天下雷行。物與无妄。先王以茂對時育萬物。

天下雷行。陽氣勃發。鼓動萬物。萬物與之共動。蟄蟲振。草木萠。有翼者飛。有足者走。無不勃然發育。各正性命。而無有差妄。謂之物與无妄。法天之象。以茂對天時者。布順時之化。以養育萬物者。養生物之功。使時行物生。物物各全其所與。春生養長。咸得其宜。斯吾心中之萬物皆備。而天下之萬物並育。此所謂盡性盡物也。

(占)問時運。目下運得其時。百事咸宜。吉。○問商業。正如大旱望雨。響雷一聲。人人翹望。貨物一到。無不旺銷。百般獲利。大吉。○問家宅。此宅中時有作響。但無忌碍。屋運甚旺。人口繁盛。吉。○問戰征。有風雷席捲之勢。務須正正之旗。堂堂之陳。若欲詐取勝。反恐有禍。○問疾病。是胸有積物。動而未化。宜隨時運動。物自消化。勿藥有喜。○問行人。現時已動身。即日可歸。○問婚嫁。兩家素有往來。門楣相對。大吉。○問六甲。生男。臨時安產。吉。○問失物。或鼓傍。或磨下。或井臼之側。尋之。可得。○問天時。一雨即晴。

初九。无妄。往吉。

象傳曰。无妄之往。得志也。

初爲內卦之主。震初之剛。自乾而來。故彖曰剛自外來。初陽始生。誠一未分。不雜復起。率性而動。動罔不臧。以其動合乎天也。由玆而往。往無不吉焉。故曰往吉。象傳曰。往得志也。誠無不通。志無不遂。故往而得志也。

(占)問時運。目下吉。但宜出而有爲。不宜杜守家居。○問商業。利行商。不利坐賈。○問家宅。宜遷居。吉。○問戰征。宜進攻。吉。○問疾病。宜出外就醫。吉。○問行人。或有事他往。吉。○問六甲。生男。來月可產。吉。○問婚姻。贅婿吉。○問失物。宜往外尋之。

(占例)角觝士毛谷村六介者。土州人。體格肥大。重量三十貫餘。明治十七年某月。余與友人某氏。見角觝於兩國回向院。友人特愛毛谷村。請占其進步。筮得无妄之否。

爻辭曰。初九。无妄往吉。

斷曰。此卦上乾下震。乾爲父。震爲長男。有上體大而健。下體小而弱之象。又震爲足。初爻變震體敗。必主足疾。恐此人傷足。下爻六二曰。不耕穫。不菑畬。是農而廢其業也。由是觀之。力士明年殆將廢其角觝。而轉就他業矣。翌十八年。六介果折足而轉他業。

六二。不耕穫。不菑畬。則利有攸往。

象傳曰。不耕穫。未富也。

乾爲郊野。震爲禾稼。故爻取農象。耕而有穫。菑而有菑。原非意外期望。然以耕而期穫。以菑而期畬。心有期望。无妄之望。即是妄也。爻曰。不耕穫。不菑畬。謂當耕則耕。耕未嘗有心於穫。宜菑則菑。菑未嘗有意於畬。任乎先天。不假後起。猶之謀道者非爲干祿。修德者非爲求名。盡其在我。不計外來。如是則爲无妄。无妄則利有攸往。言无妄心。自无妄行。則往無不利也。象傳曰。未富也。謂二爻居柔得正。中虛無欲。未嘗有心於富也。未富而不妄意於富。此即所謂无妄也。

(占)問時運。目下運得其正。自有意外財餉。大利。○問商業。不謀而獲。却得大利。吉。○問家宅。此宅想是承繼之產。或爲人經管莊舍。○問戰征。前途倒戈。有不勝而勝之象。○問疾病。勿藥有喜。○問婚姻。是招贅之親。○問行人。在外得利。一時未歸。○問六甲。生女。

(占例)明治十四年一月。余浴於熱海。同浴者有華族島津公。及成島柳北等。暇時相與手談。旣而大隈伊藤井上諸君亦來浴。時大隈君顧衆曰。方今露清兩國互爭境界。兩國派出委員。議論不決。和戰未定。各國之所注目也。高島氏幸爲一占。余乃應命。筮得无妄之履。

爻辭曰。六二。不耕穫。不菑畬。則利有攸往。

斷曰。清爲我隣。以內卦充之。外卦爲露。无妄內卦爲震。震爲木。譬猶木槌。外卦爲乾。乾爲金。譬猶巨鐘。今觀清國政府。維持本國。力尙不足。何敢與露強國構兵乎。以清拒露。譬猶以木槌叩巨鐘。巨鐘依然。而木槌早已摧矣。故知清必不抗露。或讓與土地。或與以財利。必以和議結局也。明矣。爻辭曰。不耕穫。不菑畬。露之利。清之災也。

一時座客。或拍手贊嘆。或疑慮不服。後果如此占。使疑者亦服焉。

○東京青山有一富商。自二三世來。分爲本末兩家。末家常守勤儉。家業益昌。本家不善治產。遊惰相承。家業凋落。末家雖屢屢分金相助。如運雪塡井。其消立盡。本家計極。竊欲倂吞末家之產。召喚末家主人相商曰。汝家之所有。非汝家所自有也。曩時曾從我本家分而與之也。今本家困乏若此。汝盍歸還之乎。汝其了此意。末家主人驚愕。雖百方苦陳不聽。本家主人。以事不諧。將欲訟之官。末家主人。就余請占其吉凶。筮得无妄之履。

爻辭曰。六二。不耕穫。不菑畬。則利有攸往。

斷曰。此卦上乾下震。乾爲金。震爲木。金爲本家。木爲末家。末家持木。以擊本家之金。末家必不勝。其理昭昭也。爻辭曰。不耕穫。不菑畬。耕者必穫。菑者必畬。常也。今曰耕而不穫。菑而不畬。雖爲理之所無。往往爲事之所或有。以君家數代勤儉。貯蓄財產。一旦拱手而償諸本家。固屬心之所不甘。故曰无妄災也。今旣得此占。宜如其意而讓之。獨懷資金。別與一家。爻曰。則利有攸往。君從此孜孜勉勵。當必再致繁昌也。

三之五離一向恐誤當曰三爻互離象

末家主人。果從余言。舉財産讓之。别開一戶。勵精家業。未幾又獲興起。

六三。无妄之災。或繫之牛。行人之得。邑人之災。

象傳曰。行人得牛。邑人災也。

无妄之災。謂非己之所致而至。天數之災厄。或有不可免也。六三位不中正。故事出意外。有如或繫之牛。繫者而曰或。原不知爲誰氏之牛也。行人。行路之人也。見其牛以爲無主也。而竊得之。在邑之人。未之知也。而捕者則必就邑人而詰之。是邑人無故而受災也。即所謂无妄之災也。三之五離。離爲牛。下互艮。艮爲拘。上互巽。巽爲繩。有繫牛之象。乾健行。象行人。震爲守。象邑人。乾之行。至上止。上爲行人。故上曰行有眚。是得牛而遭眚也。震之守。屬於三。三爲邑人。故曰邑人之災。上得其牛。而三罹其災。是三爲无妄之災。上之象曰。窮之災也。上乃自致之災。所謂自作之孽也。象傳曰。邑人災也。此意外之災。唯順受焉而已。

(占)問時運。目下運值臲卼。防有意外之事。宜謹愼。○問商業。防他人占利。而已反耗財。○問家宅。此宅恐爲外人占侵。○問戰征。行軍得勝。守軍防有損敗。○問疾病。此病恐是外來人傳染。可慮。○問行人。歸則歸矣。恐家人有災。○問婚嫁。宜與遠人結親。吉。○問失物。已被行人拾去。

(占例)一日友人某。突然來訪。曰僕近與朋友某。共計一商業。書來約今日會晤。今忽以家事混雜謝絕。其中或有變計乎。請勞一筮。筮得无妄之同人。

爻辭曰。六三。无妄之災。或繫之牛。行人之得。邑人之災。

斷曰。爻辭謂或繫之牛。行人之得。邑人之災。按離爲牛。亦爲女。觀此知其家必有遠來親友。以婦女寄託也。此女象取離卦。必有離絕之事。且離爲孕。或女已懷孕矣。行人之得。是與行人而皆奔也。在某住所。非畜牛之地。故知其必爲女也。繫者即寄託之謂也。邑人者即君之友也。然此友受此女之寄。所謂邑人之災。恐難免矣。某所稱家事混雜。殆即此歟。

友人驚余言之奇異。而歸。後數日。來謝曰。過日占辭。不誤一語。悉合事實。

九四。可貞无咎。

象傳曰。可貞无咎。固有之也。

四剛陽而居乾體。剛而无私。无妄者也。然位當上下之交。初乾陽剛猶柔。恐固守未定。或有偶涉於妄者乎。故戒之曰可貞。蓋以乾之健。乘无妄之體。貞當以乾之貞。葆无妄之誠。斯无妄之理。靜以存之。固以守之。自无過失矣。故曰无咎。象傳曰固有之也。无妄之心。即天心也。秉於生初。非由外鑠。故曰固有也。

(占)問時運。目下運氣平順。循分則有獲。妄動則有咎。○問商業。堅守舊業。自然亨通。○問家宅。此宅本是祖基。宜永保之。毋墜。○問戰征。已占入外卦之地。宜堅守城池。切勿妄進。○問疾病。此時宜安靜調養。來月勿藥而愈。○問行人。一時未歸。在外无咎。○問六甲。生男。○問失物。必可復得。

(占例)某貴顯來。請占運氣。筮得无妄之益。

爻辭曰。九四。可貞无咎。

斷曰。四近尊位。德秉乾剛。正合貴顯身位。今占得第四爻。曰可貞无咎。在貴顯德位俱優。功業素著。無復絲毫妄念。恐民在下。有以妄動干進。全在貴顯堅貞而鎭定之。得无咎也。

九五。无妄之疾。勿藥有喜。

象傳曰。无妄之藥。不可試也。

疾猶災也。五動體坎。坎爲疾。故曰疾。疾之來也。有由自致者。有因天時而非自致者。非由自致而疾者。即所謂无妄之疾也。无妄之疾。如在天爲日之食。風之暴。雨之淫。雷之迅。皆一時陰陽之偏偶觸而來。時過則平。未可以藥救也。在人无妄之疾亦猶是焉。不容以藥治之也。故曰勿藥有喜。有喜。謂疾去而爲喜也。當疾之時。以藥治之耳。五爻剛中得位。天德全。无妄之至者也。復何遺憾。爻之取象於疾者。蓋以湯之幽夏臺。文之囚羑里。或有爲盛德之累者焉。此則謂无妄之疾也。順以守之。禍患自釋。即勿藥之義焉。象傳曰。无妄之藥。不可試也。无妄之疾。本非眞疾。藥之反成疾矣。故曰不可試。愼之至也。

(占)問時運。目下運氣冠正。意外之事。不必介意。全乎在我而已。○問商業。凡一時物價。無故上落。皆無害商業。過時自平。切勿擾動。〇問家宅。防有風摧雪壓傾圮之患。然無大害。致有喜兆。〇問戰征。防軍隊中有時疫流行之患。宜潔淨營屯。勿妄用藥。无咎。〇問行人。恐中途有涉意外之事。然即歸來。〇問訟事。有意外牽涉。不辨自釋。〇問六甲。生男。〇問失物。不尋自得。

(占例)明治二十二年。占某貴顯運氣。筮得无妄之噬嗑。

爻辭曰。九五。无妄之疾。勿藥有喜。

斷曰。五爻陽剛中正。下與二應。可謂无妄之至者也。今占得此爻。知某貴顯德高望隆。(有復)何病。但道高招謗。或遭意外之嫌。是即无妄之疾也。宜勿與辯。踰時自釋。若一爲計較。轉致多事。故曰无妄之疾。勿藥有喜。

某貴顯不用此占。遂釀紛紜。翌年遂罷職閑居。

〇明治二十五年八月。余弟德右衛門。患大膓痞結。聘醫師守永某。乞診服藥。數日不愈。某曰。是非施截解術。不可治也。謀之佐藤國手。余復爲占施術之適否。筮得无妄之噬嗑。

乾庚戌亥宮九十兩月也

爻辭曰。九五。无妄之疾。勿藥有喜。

斷曰。无妄之疾。非自致也。今弟之疾。亦自然而發。非關自致。爻曰。勿藥有喜。蓋爲不假人治也。是宜安養任其自然。三週間（震之數爲三八）後。必可愈快。後服補藥。不復施術。三週後。果得全治。

○占明治三十年海軍之氣運。筮得无妄之噬嗑。

彖曰。无妄元亨利貞。其匪正有眚。不利有攸往。

爻辭曰。九五。无妄之疾。勿藥有喜。

斷曰。无妄全卦。卦德爲眞實无妄。括言之曰正。彖辭曰。匪正有眚。眚災害也。故說卦曰。无妄災也。今占得五爻。曰无妄之疾。勿藥有喜。无妄之疾。猶言意外之災也。恐海軍中於九十兩月中。必有非常之驚異也。此事非關人爲。實由天意。非可強也。

後橫須賀鎮守府長官。相浦中將。巡見北海道炭山。余在汽車。相晤。告以此占。中將如不介意。然至九月聞扶桑艦沈沒豫海。占兆乃驗。

上九。无妄。行有眚。无攸利。

象傳曰。无妄之行。窮之災也。

上爻陽居卦之終。爲无妄之極。極而復行。行必有眚。有何利焉。彖辭所謂匪正有眚。蓋指上也。上與三應。三爲邑人。上爲行人。三之災。自上致之。三既被災。上豈能無眚乎。象曰。窮之災也。位已上窮。復欲進行。是窮極而爲害也。

(占)問時運。好運已終。宜安守勿動。動則終凶。○問商業。歷來貿易。頗稱得利。玆值歲終。或當時令交換之際。宜暫靜守。切勿再進。防有損耗。○問家宅。此雖舊宅。居之則吉。愼勿他遷。遷則有眚。○問戰征。地步已極。不可復進。進則有害。○問疾病。必是老年。宜頤養自適。○問行人。即日可歸。歸後切勿出行。○問六甲生男。○問失物。恐窮追不得。

(占例)每年一月。余必避寒於熱海。明治二十二年一月。靜岡縣知事關口隆吉君偶巡回縣下。同宿湯戶某家。關口氏爲幕府舊士。嘗學于昌平校。夙具才學。

維新之際。五稜廓將帥之一也。氏索余占當歲運氣。筮得无妄之隨。

爻辭曰。上九。无妄。行有眚。无攸利。

斷曰。異哉何其爻象之凶也。說卦曰。无妄。災也。災謂天災。是天降之災也。爻辭曰。行有眚。无攸利。觀此爻象。恐於行路中。忽遭禍變。眚。損也。必身體大有損傷。象曰。窮之災也。言災害之至極也。余就占象直言。吉人天相。君勿過慮。慎之而已。

關口氏聞之。面爲失色。

後見新聞紙報道。阿部川城之越間汽車衝突。關口知事被傷。政府聞之。遣侍醫佐藤橋本醫治。余閱報驚曰。果哉關口君。竟罹无妄之災。愈感易占之神知。悚然者久之。

一日得靜岡警部長相原安次郎氏來函云。知事被災。果應熱海之占。不堪敬服。今欲再占知事之生命如何。煩爲一筮。回告。筮得泰之大畜。

爻辭曰。上六。城復于隍。象傳曰。城復于隍。其命亂也。

斷曰。泰爲天地交泰之卦。今占得上爻。是泰之將終。轉而爲否之時。城復于隍者。傾覆之象。其命亂者。謂命之不全也。即以此旨答之。時見者多怪余斷之凶。曰據醫師診斷。有回生之兆。是新聞紙所報也。貴斷毋乃過乎。余曰諸君有疑。請竢諸他日。未幾。關口氏訃至。於是當時諸君皆感服易占之妙用。

後復晤相原氏。氏曰當時得子返書。已知事不起。懷書往訪。知事謂余曰。今春熱海游浴之時。高島氏占象。豫戒余之遭難。果若此。殆天命也。近得醫治。言可回生。尚爲幸耳。余因嘆息。不忍以貴占出示。談及當時車變云。此日知事至靜岡停車場。適將發鐵石雜車。知事急麾之。驛吏命暫停。使知事乘之。迨進行二里餘。至鐵路屈曲處。忽前面汽車驀地駛來。與之衝突。轟然一聲。積載貨物。悉飛天外。乘客中即死一人。負傷二人。知事其一也。余本同行。因知事心急。單身乘車。余未知之。得免於禍。幸哉。

翌年春。晤關口氏養子某於熱海。曰。亡父平素語足下易學。去歲自熱海歸。每閑居讀君易斷。至无妄一卦。常三復不已。

增補高島易斷

䷙

山天大畜

大畜爲卦。下乾上艮。乾。健也。艮。止也。畜亦止也。大對小而言。小畜巽在乾上。五陽一陰。以一陰畜乾三陽。巽體柔順。其力不固。故爲小畜。大畜二陰四陽。艮體篤實。能厚其儲。故爲大畜。雜卦傳曰。大畜時也。大畜以艮畜乾者也。乾之純陽。進而不止。而大畜能畜之。若不欲其進者。時未可也。不惟其止。惟其動。健而又動。无妄所以爲災也。不惟其動。惟其止。健而能止。大畜所以爲時也。序卦曰。有无妄然後可畜。故受之以大畜。此大畜之所以次於无妄也。

大畜利貞。不家食。吉。利涉大川。

大畜以陽畜陽。得其正也。止而畜之。利於用也。故曰利貞。外卦艮。艮爲居。有家之象。三四五互震。震爲百穀。有食之象。二三曰互兌。兌口在外。有不家食之象內卦乾。乾初爲震。震爲行。有利涉之象。乾二爲坎。有大川之象。畜其德以用於朝。養以鼎烹。故曰不家食。吉。畜其材以濟於時。用以舟楫。故曰利涉大川。畜之義。不特爲止。又爲養也。爲蘊也。止則止其健。養則育其德。蘊則儲其材。不家食吉。有以收養賢之效。利涉大川。有以見濟世之功。

彖傳曰。大畜。剛健篤實輝光。日新其德。剛上而尚賢。能止健。大正也。不家食吉。養賢也。利涉大川。應乎天也。

大畜。以艮畜乾。畜之大者也。乾爲天。天德剛健。艮爲山。山體篤實。乾爲大明。有輝光。艮爲星斗。亦有輝光。以艮畜乾。則所謂剛健篤實輝光。不必分爲乾爲艮。要皆在此大畜中也。是以光華發越。盛德日新。此卦之所以曰大畜也。艮陽居上。故曰剛上。艮止能畜。故曰尚賢。乾健難止。巽不能止。其畜故小。艮能止之。其畜乃大。艮之所以能止。在得其正。故曰大正也。大正即利貞。下變震爲頤。頤彖曰。養賢。先曰觀其所養。知必不在家食也。上變坎爲需。需彖曰利涉。先曰位乎天位。知其能應乎天也。故艮能止。亦能育。斯賢樂得其用矣。艮能止亦能進。斯險無不可濟矣。

以此卦擬人事。彖辭首曰利貞。利。和也。貞。正也。和且正。爲人事之至要也。卦德以止畜健。以靜畜動。是畜之大者也。故彖辭曰。大正也。蓋畜之道。全在大正。有此大正。斯能有此大畜。所謂君子正己。以正人者。即此道也。剛健者天之德。篤實者山之性。人能法山之性。以畜天德。斯德性充實。而輝光發越。自見日進而無疆矣。卷之則藏於一心。放之則發爲萬事。以此而不家食吉。即家食亦吉。以此而不涉險利。即涉險亦利。是人事而應乎天者也。六爻內三爻爲乾。欲健進而爲艮所畜止也。外三爻爲艮。以能止。而畜乾之健也。是以初爻懼危而自己。二爻不可而隨止。三爻往矣。而猶能惕以艱。如人事步步留住。不令躁進也。四以畜初童牛加梏。畜之尙易也。五以畜二。豬豕有牙。畜之得其要也。上以畜三。三既利往。則雲霄直上。以不畜爲畜也。如人事之般般謹愼。各合機宜也。蓋凡人之作事。一於健則過之。一於止則不及。過則僨事。不及則不足以成事。孔子於求之退曰進之。於由之兼人曰退之。其深得艮止之義也夫。
以此卦擬國家。上卦爲政府。秉艮山之性。止而不動。下卦爲人民。挾乾健之性。欲急謀國家之進步。將進而犯上。而六五之君。得六四上九之之輔翼。同心合志。以抑止下民剛强鋭進之爲。此畜之所以爲大也。六五之君。溫恭而能尙賢。與上九陰陽相比。言聽計從。爻辭所謂豶豕之牙吉也。上九身任天下之重。共天位。治天職。食天祿。以上畜三。其畜愈大而愈正。故曰何天之衢亨也。六四處艮之始。履得其位。與上九同受六五之命。以四畜初。初陽尙稺。故曰童牛之牿元吉也。蓋內卦三陽。其性雖健。皆能受外卦之畜止。故初陽猶微。知進而有危。不待畜而自止。二得中。與五正應。知五處畜盛。未可犯也。能遇難而止。故無尤。三受上之畜。畜之極也。畜極則通。其德已成。可以進矣。故曰良馬逐也。國家當此之時。君臣一德。在下免躁進之患。在上無竊位之譏。六五之君。曰吉有度也。上九之臣。曰道大行也。應天順人。誠千載一時之會也。非夫人之畜。不克臻此。」
通觀此卦。六爻專言畜止之義。初九抱剛健之德。初陽尙微。能受六四之畜。知難而自止者也。故有有厲利已之辭。九二履得其中。有知時之明。知其功之不可遽成。止而不行者也。故有輿說輹之辭。九三以陽居陽。志剛而才彊。未免銳進之嫌。惟艱貞自處。見可進而進。則可以濟世。又可以保身也。故有利艱貞。利有攸往之辭。六四當大畜之任。處艮之始。能止乾陽之初洩。故曰童牛之牿。六五處得尊位。制惡有道。柔能制剛。是以吉也。故曰豶豕之牙。上九所謂剛上而尙賢者也。居通顯之地。體至公之道。舍己從人。以汲引衆賢。此大畜之義。君子之道。大行之時也。故曰何天之衢亨。總之初九居乾之始。其陽猶穉。故稱曰童牛。戒其進也。九二以剛居柔。柔則勢弱。故稱曰豶豕。喜其不能進也。九三純秉乾德。乾爲馬。故稱曰良馬。又恐其徑進也。君子之難進如此。

大象曰。天在山中。大畜。君子以多識前言往行。以畜其德。

此卦乾天居艮山之中。謂山中蘊畜一天地之象。其道含宏。其義深遠。譬如君子方寸中。藴畜三才之道義。及古今之事理。廣見洽聞。以之日新其德業也。夫前言者。訓詁流傳。德之華也。往行者。功業炳著。德之實也。嘉言懿行。皆德之散見者也。君子之學道也。考其跡。觀其用。以身體之。以心驗之。因其言而默識其所以言。因其行而默識其所以行。以畜成我德。此德所以日積而日大也。故曰識前言往行。以畜其德也。

(占)問戰征。宜養精蓄銳。乘時而動。自然戰無不克。攻無不利。定獲大勝。○問時運。目下心意縱奢。未可動也。必待二年後。運來福至。如駿馬騰空。往無不利。○問營商。暫宜株守。近則三月。遠則三年。自得逐漸推廣。日積月新。利源不竭。大有慶也。○問家宅。宅居宜近山。或在嶺上。或在谷中。必是素封之家。近來聲名顯達。家業日隆。大吉之兆。○問功名。少年意氣軒昂。未免稍有阻抑。至三十歲後。一舉成名。雲霄直上。爲國爲家。經綸煥著。誠大用之材也。○問六甲。生男。且主貴。○問訟事。始被屈抑。後得伸理。○問疾病。占得初爻至五爻。皆吉。上爻則恐壽源有阻。○問婚姻。大吉。

初九。有厲利已。

象傳曰。有厲利已。不犯災也。

此爻體乾。剛健而在下。勢將銳意干進。然初爻乾陽尚微。距五位主爻尤遠。應在四爻。四爻屬艮艮止也。初爻欲進而四爻止之。是應爻不相援。而悉相敵也。初九能知危而止。故不犯災也。謂之有厲利已。

(占)問戰征。宜守不宜攻。斯無害也。必待四爻援兵得力。方可大進獲勝。○問營商。目下資本猶淺。宜謹愼自守。免致災害。後得帮手相助。自能獲利。○問家宅。是新造之宅。爲前面山勢壓制。屋宅不能過高。然無咎也。○問功名。才學雖高。而初次求名。不宜發洩太早。宜自抑止。所貴大器晚成也。○問六甲。可占一索生男。○問訟事。不宜健進。健進則有災。○問婚姻。初陽爲四爻所畜。是夫將受制於妻也。在夫能順從其畜。亦無災也。○問出門。現宜暫止。以待時運。○問疾病。現雖有病。可保無虞。○問失物。待後自可尋獲。

(占例)某縣士族某來。請占氣運。筮得大畜之蠱。

爻辭曰。初九。有厲利已。

斷曰。此卦以山之小。止天之大。故謂之大畜。今初爻以陽居陽。才力俱强。以應四爻之陰。四爻之陰。力能畜止初陽。知其謀望。一時必難就也。若一意躁進。恐必有禍。時某不從余斷。妄懷志願。往干某貴顯。不服書記官之說諭。三日間遂爲警視廳所拘留。厥後某自悔悟。始歎易理之神妙也。

九二。輿說輹。

象傳曰。輿說輹。中无尤也。

輿者。車也。喻進行之義。輹者車軸之縛也。天之轉旋。有大車之象。輿說輹者。謂車說輹。不能駕乘。而廢進行之用。此爻變則爲離。有脫離之義。故曰說輹。艮以畜乾。將畜止下民之冒進。使之自止也。二與五相應。五處畜盛。未可犯也。知勢之不可而不進。可謂知幾識時者矣。象傳曰中无尤也。謂其得中。无躁進之尤也。按初九曰有厲。其辭緩。九二曰輿說輹。其辭急。初與三應。初爲乾之始。始陽尙柔。故辭緩。二與五應。五居尊位。勢不可犯。故辭急。况五之畜二。非徒因其進而止之。殆將尙其賢而用之也。蓋時有盛衰。勢有强弱。有不可已者。學易者所宜深識焉。

(占)問戰征。若鋭意徑進。防有轍亂旗靡之禍。致一敗而不可復收。惟以退爲進。斯无尤矣。○問營商。凡有貨物。宜早脫售。雖無大利。亦無耗失。○問家宅。必是破敗舊家。唯其能退然自守。家業自有復興之象。故无尤也。○問功名。宜待時。毋躁進也。○問婚姻。小畜三爻。輿說輹。夫妻反目。是不吉也。此二爻得中。與五相應。五居尊位。必是貴婿。大吉。○問疾病。定是腹疾。一時難愈。然无害也。○問六甲。生男。防有足疾。○問訟事。敗而復和。

(占例)親友某縣人某來。請占氣運。筮得大畜之賁。

爻辭曰。九二。輿說輹。

斷曰。此卦內卦乾天。剛健鋭進。外卦艮山。鎭定不動。以山畜天。故曰大畜。在今政府。非不欲登進人才。亦知浮躁者非大器。急切者無實功。是以抑制而不用也。而一時急於求進者。或互相標榜。或高自議論。干謁公卿。奔走形勢。梯榮乞寵。無所不爲。當途益以此輕之矣。今九二能察時之不可。而退然自阻。謂之輿說輹。輿者所以載物而行也。說其輹。示不復用。所以甘自晦藏。以待其時之至也。故曰中无咎。

某聞之曰。爻辭適合我意。願從此占。果大得便宜也。

○占明治三十年國家財政。筮得大畜之賁。

爻辭曰。九二。輿說輹。

斷曰。此卦以山之小。畜天之大。上卦一陽。畜止下卦三陽。足見其畜之大也。今占財政而得此卦。乾爲金。故主貨幣。艮爲山。故主藏畜。九二坎爻。坎爲車。故曰輿。輿說輹者。示不用也。我國古來所有貨幣。不出一億之外。開港以來。購入兵仗器械船舶諸物。雖一時支出現金繁多。賴政府理財得人。漸得復舊時之欵討淸之役。民間募集一億五千萬公債。其不足者。以政府豫備金充之。戰勝之後。受取償金三億五千萬圓。窺測宇內形勢。强國合縱。分割弱國。不得不擴充軍政。乃以其償金。充備軍資。在政府固出於不得已也。而在人民之願望。以爲獲此巨償。專以擴張軍備。并賞䘏戰士。既不能清償國債。又不能振興商業。雖銀行之貸出稍寬。而子利仍復騰貴。則百業之進基。終被抑止。人民頗爲失望。此即內卦乾天。爲外卦艮山畜止之象也。辭曰輿說輹。輿之脫其輹。而不能進。猶金之別有需畜。而不能應民之用也。政府之設施如此。可謂得其中矣。故象曰中无咎也。本年之財政。中止貨幣之運轉。爲商工困難之占也。

後果如此云。

九三。良馬逐。利艱貞。日閑輿衛。利有攸往。

象傳曰。利有攸往。上合志也。

三辰在辰。上値軫。軫主車駕。故有馬。有輿。有衛。又三爲坎中。坎爲艱。故利艱貞。

此爻內卦爲乾。乾爲馬。逐。並進也。乾畜至三。其德已成。可以進矣。故其象爲良馬逐。閑。習也。衛所以防不虞。艮在外爲止。即輿衛之象。三之應在上。上處天衢之亨。塗徑大通。進行無阻。而猶必以艱貞自惕。如調馬者。雖馳騁自得。猶必日閑輿衛。乃可以利有攸往。傳曰上合志也。此正畜極而通之時也。夫善騎者墜。善泳者溺。當此得意之日。故最宜戒愼。平常猶此。況大畜之時乎。良馬以見銳進之義。輿以明徐行之象。逐馬而繼以輿衛。銳進徐行之兩義。當參觀而得之。」

(占)問戰征。有馬到功成之象。然必先臨事而懼。斯無往不利也。○問營商。三爻與應合志。是必賣買同心。曰良馬逐。是必貿遷快捷。曰利艱貞。是雖遇險無虞也。大吉。○問功名。有雲霄得路之象。○問家宅。必是勤儉起家。目下履當其位。家業日進。猶能安不忘危。故无往不利。○問婚姻。二以上九爲應。上九處畜之極。是全盛之象。占婚媾而得此爻。男女合志。大吉之兆。○問疾病。宜謹愼調養。可保无虞。○問六甲。生男。

(占例)余一日訪友人某氏。某氏謂曰。吾嘗約購駕車良馬。今日當必有牽而來也。謂占馬之駿駑如何。筮得大畜之損。

爻辭曰。九三。良馬逐。利艱貞。日閑輿衛。利有攸往。

斷曰。此卦內卦爲乾。乾爲馬。又乾健也。知此馬必健捷善馳。然不諳駕馭之術。御之亦難。故曰日閑輿衛。利有攸往也。語未畢。有牽馬者至。揚言曰。此馬剛健疾馳。是良馬也。友人見之。即欲鞭策一試。適前岸繫舟。轟然有聲。馬遂驚逸。馭者盡力制之。不止。逡巡倒行。遂落溝中。友人見之大驚。不復購售。

○某縣士族某來。請占氣運。筮得大畜之損。

爻辭曰。九三。良馬逐。利艱貞。日閑輿衛。利有攸往。

斷曰。乾在无妄爲天德。在大畜爲賢才。士惟法乾而後才德備。法乾則行健而進銳。進銳者恐不能致遠。必歷艱貞。而其識深。必受抑止。而其氣定。如良馬之性。必先顛躓。而後馳驅。始受範也。故曰良馬逐。利艱貞。今占時運。而得此爻。知其人必抱有用之才。足荷難鉅之任者也。傳曰利有攸往。上合志也。可見目下時運已至。可以乘時得位也。爻曰日閑輿衛。利有攸往。衛。守衛也。所以備不虞示威武也。意者其將任守衛之職乎。

後此友果任某警部。

六四。童牛之牿。元吉。

象傳曰。六四元吉。有喜也。

六四爻辰在丑。丑爲牛。四得艮氣。艮爲童。故曰童牛。以四畜初爻。動而體離。離爲童牛。牛謂初九也。牿說文云牛馬牢也。引書費誓。今惟牿牛馬。大畜錯卦萃。萃用特牲吉。童牛祭天之牛也。禮記郊特牲。牛用犢貴誠也。周禮充人祀五帝之牲牷。繫於牢。鄭注。牢閑也。必有閑防禽獸觸齧。童牛繫之於牢。備郊天也。童牛謂初九。爲之牿四也。初陽最穉。始進而即閑之。如童牛之牿。牿之使不牴觸。故吉而有喜也。夫天下之事。防未然者易爲力。制已然者難爲功。逆折其方長之奸。潛消其未萌之逆。則上不勞禁制。而化自行。下不傷刑誅。而奸自止。初陽尙微。剛暴之習未成。六四畜之。所以不勞力也。元吉者。柔以制剛。剛不敢犯。畜之盛也。喜莫大焉。

(占)問戰征。有强鄰壓制小國之象。幸四與止相應合志。得以保全。有喜。○問營商。爻曰童牛。謂初陽也。意以貿易新出時貨爲利。牿謂牢也。意以畜積囤藏爲利。故曰元吉。○問功名。六四辰在丑。丑上値斗。石氏曰。斗將相爵祿之位。求丑。丑也。其禽爲牛。孔子曰。犁牛之子。騂且角。雖欲勿用。山川其舍諸。蓋童牛者。發而之牛也。其必進用也明矣。故傳曰吉而有喜也。○問家宅。乾爲門。艮爲庭。爲廬。爲居。爲舍。皆有家宅之象。童牛者。謂初九也。牿之者四也。初九者。陽之初也。必是初造之宅。爲四所牿。必門前塗徑有阻。不能進行。然終必亨通。故曰有喜。○問疾病。曰童牛者。意必老牛舐犢。災在幼子。○問六甲。生男。○問婚嫁。四在丑。丑上値牽牛。四應初九。初九辰在子。上値女。曰童牛。必是少年結姻。大吉。○問訟事。童牛之牿。說文云。牿。牛馬牢也。恐有囚牢之災。至上九曰天衢亨。當解脫而有喜也。

(占例)余有攝綿土製造所在愛知縣下熱田。其支配人來請。占明治二十三年攝綿土販賣之商機。筮得大畜之大有。

爻辭曰。六四。童牛之牿。元吉。

斷曰。六四辰在丑。丑土也。艮爲手。又爲厚。是能以手練成厚實攝綿土也。元來此物密合石灰與粘土。燒爲粉末。入之水中。積久而成。凝固如石。今占得大畜。明明示我畜貯之象。可知今年此物淹滯。依六四爻辭曰。童牛牿。牿謂牛馬之牢。畜之以防其逸。則知此物宜畜之於庫。至二十五年以待價也。爲上九何天之衢亨。乃可通用自在也。

後果如余占。

○占明治三十一年韓國與俄國之交際。筮得大畜之大有。

爻辭曰。六四。童牛之牿。元吉。

斷曰。此卦內卦爲乾。外卦爲艮。占韓與俄交際。當以韓爲內卦。俄爲外卦。乾陽欲進。爲艮止所畜。明示以韓欲求進。爲俄國所畜止也。六四曰童牛之牿。童牛者。初陽也。牿之者四也。童牛而入於牿。欲進不得。韓之爲俄所止。其象更明。目下俄國公使蔑視韓廷。以大國之威力。畜止之。恰如施童牛之角以橫木。謂之童牛之牿也。韓若於今不爲之計。至西比利鐵路成後。恐不可保其全也。

六五。豶豕之牙。吉。

象傳曰。六五之吉。有慶也。

五爲二之應。九二坎爻。辰在子。上値室。廣雅云。營室曰豕。又說文亥爲豕。分野略云。自危十六度。至奎四度。于辰在亥。爲娵訾。娵訾謂之豕韋。戌亥。乾位也。則豕屬坎。亦屬乾。豶。爾雅釋獸。豶。豕子。豶豕么幼。郭注俗呼小豶豬。爲豮子。六五爻辭曰。豶豕。蓋指九二而言。九二乾陽尙穉。故曰豬豕。猶童牛之屬初九也。牙。鄭讀爲互。廣韻互字下注云。俗作牙。是昔人以牙爲互。後人轉而作牙。誤也。周禮修閭氏掌比國中宿互欜者。注云。互。謂行馬。所以障互禁止人也。互亦通桓。韻會。桓者交互其木。以爲遮闌。正合止畜之義。與初爻牿爲牛馬牢。其義相同。皆所以禁止其躁進也。五爻居尊位。爲民士之所歸嚮。下應九二。九二之士。能脫輹潛修。畜養其德。待時而動。斯喜在一人。慶在天下。是以吉而有慶也。

(占)問戰征。豕屬坎。又屬亥。是必在坎險濕澤之處。最宜畜意禁止。以防敵軍豕突。能謀而後動。自然獲吉。○問營商。互有互市之義。謂財物交互成市。正合近時通商之象。豬豕謂小豕。譬如初次貿易。資本尙微。能受畜止。乃吉。○問功名。此必年少求名。未免躁進。宜知自止。故曰豶豕之牙吉也。○問家宅。豕屬亥。水也。宅前必有二水。交互而流。是以吉也。○問疾病。六五辰在卯。東方爲木。又豕屬亥。亥爲水。是必木旺水虧之症。宜自節止調養。方能有慶也。○問六甲。生女。○問婚嫁。六五爻辰在卯爲兎。五應二。九二爻辰在寅爲虎。寅卯相合。爻曰豶豕。豕屬亥。亥與寅卯。木水相生。皆得制伏。大吉。

(占例)明治二年。友人某來。論時勢曰。今箱館平定。天下安靜。朝廷擢拔各藩俊士。登用人材。整理政務。承兵馬倥偬之後。在各藩士。集合在官。未免互爭權力。致生紛擾之患。請占其形勢如何。筮得大畜之小畜。

爻辭曰。六五。豶豕之牙。吉。

斷曰。此卦下卦爲乾。指各藩士族。上卦爲艮。指政府也。下卦剛健。勢欲銳進。上卦政府。將止其躁進。復給以祿養。是大畜之義也。當此兵馬倥偬之後。諸藩士族。始膺奉給。謂九二之乾陽尙稺。故曰豶豕。六五能畜止之。使不突進。牙。謂遮闌。有止畜之義也。猶言英材能隱居潛修。養成大器。故象傳曰六五之吉。有慶也。

後果如此占。後友人每相與會。談及此占。未嘗不感服也。

上九。何天之衢。亨。

象傳曰。何天之衢。道大行也。

衢者四通八達之道。天之衢者。猶曰天路也。謂曠達而無障蔽。以喻其通也。案上九艮爻。位近丑。上値牛。文獻通考。牛七度。日月五星之中道。其北二星。主道路。故曰衢。又乾爲天。艮爲路。故曰天衢。何作荷。何天之衢。猶詩所云何天之休。何天之寵也。此卦四畜初。五畜二。上畜三。上爲卦主。所謂剛上而尙賢者是也。故象傳曰。道大行也。蓋昔之畜。非畜之使不行。正畜之以成其材。大其畜。即所以大其行也。畜極則通。通則爲泰。此爻之所以變即爲泰也。

(占)問戰征。上九爻辰在戌。上值奎婁胃。奎象白虎。主兵。婁星主興兵聚衆。胃星主征誅。皆軍事也。爻曰何天之衢。言旌旗載道。一戰成功。故象曰。道大行也。○問營商。上應三。三曰利艱貞。知當時貿易尚多艱苦。至上爲畜之極。畜極則通。故曰何天之衢亨。即三所云利有攸往者是也。象曰道大行。是必大獲其利。○問功名。爻曰何天之衢。是即可謂青雲得路之時也。大吉。○問家宅。爻曰何天之衢。衢大道也。知此宅必在大道之旁。何天者。得天之祐也。亨。吉也。其宅必吉。○問六甲。生男。○問婚嫁。想是天作之合。吉。

(占例)明治十四年。應某貴顯之召。占國會開設。請願成否。筮得賁之大畜。就賁之卦象推施。今日之政畧。知五年之間。國家無事。自明治十九年以降。迄明治二十四年。此五年。値山地剝。有不祥之兆。故余活用賁之二爻。變爲大畜以避現今政畧。推至明治二十年。正當大畜。上爻。

爻辭曰。上九。何天之衢。亨。

斷曰。大畜一陽止上。藏畜三陽於中。謂昔剛壯健行者。今以備歷艱辛。通曉時勢。不復須畜止也。艮山變爲坤地。四通八達。無不豁然而開通。恰如天衢之廣濶無礙。謂之何天之衢。亨。明治二十年當此爻象。知鐵道之建築。必可盛行也。」後至明治二十年。果全國人心。皆傾向鐵道。株劵流行。建築自駸駸日盛也。

䷚ 山雷頤

頤从𦣞。从頁。𦣞爲頤本字。頁本首字。說文曰。頭也。篆書作𦣝。从口。从丨。丨者。象舌有養之義。卦體艮上震下。艮爲山。震爲雷。雷動也。山止也。卦以上下二陽象上下唇吻。內四陰象虛而求食。頤張而不合。有求食之狀。故可以觀震陽下動食象也。艮主止。止觀象也。然震非自動也。繫於艮以動。艮不上止。震雖欲動而不能。則其所以爲頤之主艮也。上下實而中虛。動而能止曰頤。此卦之所以名頤也。

頤。貞吉。觀頤自求口實。

序卦傳曰。物畜然後可養。故受之以頤。頤養也。觀頤則思所養。思所養則知節。嗜慾可省。廉恥可立。心志可甯。養生養德在其中矣。故貞吉。大抵養道主靜。天地萬物皆上動下止。惟頤下動上止。靜以制動。止以忍貪。觀頤之義也。身之有頤。本以爲養。頤中虛實之所以爲養也。故曰自求口實。

象傳曰。頤。貞吉。養正則吉也。觀頤。觀其所養也。自求口實。觀其自養也。天地養萬物。聖人養賢以及萬民。頤之時。大矣哉。

頤卦內艮外震。艮爲黔喙之屬。喙口也。即頤之象。又爲果蓏。震爲蕃鮮。爲百穀。皆有養之義。頤貞吉者。所養得正。則有吉也。然養有正不正。不觀不足以知之。觀其所養何人。則養之公與私自別也。觀其自養何求。則養之貪與廉可見也。果其所養皆賢。自養有節。是養得其正。即養無不吉矣。至天地聖人。極言養道之大。人之養生。多在自養。必如天地之化育無私。而萬物皆被其澤。必如聖人之痌瘝在抱。而上自賢哲。下及萬民。無不並沐其恩。蓋聖人體天地之養以爲養。故所養有與天地而並大。象曰。頤之時大矣哉。謂其所養至廣。即於養之時而已見矣。不言義。而義亦在其中也。

以此卦擬人事。上三爻爲艮。六五曰艮其輔。輔上頷也。有頤之象。下三爻爲震。

上六曰視矍矍。有觀之義。上下互坤。坤爲缶。爲漿。有養之義。然養亦不一。動息節宣所以養正。飲食衣服所以養形。威儀禮貌所以養德。推己及物所以養人。蓋人莫不有所養。而養亦各有所在。內而養一身。外而養天下。而要在得其正者吉。夫士之得祿位。農之事稼穡。工之造器物。商之通貨財。皆各食其力。各養其身者。而得其正者也。否則因糊口之無資。而忘其廉恥。如孟子所謂。苟無恒產。放僻邪侈。無不爲矣。此其人復何足觀乎。然觀人者。當先觀其口實之求。人苟不以飢渴害其心。而能以簞瓢樂其道。則其所求。有在於口實之外。其所養。必得夫性情之正。其自養如是。其養人當更有大者矣。必如天地之養物。聖人之養賢。以及養育萬民。而其養不特得其貞。益且獲其吉矣。頤養之道。盡在是也。

以此卦擬國家。下卦爲人民。下民好動。有震之象。上卦爲政府。政府能安止下民。有艮之象。卦名曰頤。頤口也。下民各有一頤。下民即各自求養。農以力耕。商以貿貨。工以造器。皆各以才力自求口實。而猶有自養而不足者。政府爲之籌其征斂。蠲其租稅。甚至發粟以救飢。給藥以療疾。朝廷之仁漿義粟。適爲下民續命之恩。在政府並非以此市惠也。亦體夫天地好生之德。以爲養也。至下民之中。有所謂賢者。政府尤必尊其位。重其祿。養之以大亨。而不敢不優也。一時賢者沐朝廷之榮恩。而并能推朝廷之德澤。覃及於萬民。此顯養之道。所以愈推愈廣也。象曰。頤之時大矣哉。有以夫。

通觀此卦。上卦三爻。皆所以養人。下卦三爻。皆所以自養。養之道。以養人爲公。自養爲私。自養之道。以養德爲大。養體爲小。故初二三皆養口體。私而小者也。四五上皆以養德而養人。公而大者也。無論爲養人爲自養。要皆以得正爲吉。故象曰。山下有雷頤。君子以愼言語節飲食。謂頤之爲用。吐露言語。咀嚼飲食。皆由頤而出。君子觀頤之象。而知所宜愼宜節也。初爻以陽處下。爲動之始。是動而自求養也。舍靈龜而觀朶頤。是以凶也。六二處下體之中。无應於上。反而養初。故曰征凶。六三雖應上爻。上九而拂頤養之節。自納於上以諂媚者也。故至十年而猶勿用。復何利之有。六四身處上體。居得其位。應於初爻。以上養下。

得養之宜。又能威嚴寡欲。所以得吉。六五以陰居陽。而比於上。行則失類。居則貞吉。故不可涉大川。上九以陽處上而履四陰。衆陰皆由此得養。故曰由頤。然其所以得此養者。不知幾歷危厲而始得吉也。故曰厲吉。養至此。則无往不利。故曰利涉大川而有慶也。蓋頤之全卦。專言養生之道。其本在初。曰龜。曰虎。曰顚。示其用也。曰拂。正其趨也。曰由。竟其委也。聖人所以握造化之機。而盡性命之理者。於頤之一卦見之矣。

大象曰。山下有雷頤。君子以愼言語。節飲食。

此卦山下有雷。爲上止下動之義。即頤口之用也。夫言語者。禍福之所由召。飲食者。疾病之所由生。動止得其道。斯言不妄發。食不過度矣。君子觀頤之象。而知其所愼。知其所節。大之則命令所出。愼之而無失。貨財所入。節之而無傷。極而言之。則養德以養天下。皆無不然也。

(占)問戰征。上止下動。防隊下有妄動召亂者。或機密漏洩。或酗酒啓釁。最宜謹愼。○問功名。山下有雷雷發聲而山亦鳴。有聲名騰達之象。○問經商。頤象內動外止。主貨物內地升動外地底落之象。又恐販貨出外。一時不能銷售。其貨物大約不離食品。○問家宅。艮山欲止。震雷欲動。山在上。雷在下。恐地盤震動。宜防火災。○問疾病。上止下動。山屬土。雷屬火。主上焦寒閉下焦熱瀉之象。必待五爻。象曰順以從上。庶上下通順也。乃吉。一爻一日。必至五日可愈。○問行人。內卦動而外卦止。必已動身。爲外事阻止。上九曰。利涉大川。知必從水路而來。近則六七日可到。遠則六七月方歸。○問六甲。生男。○問失物。山下有雷。知其物爲重物壓止。一時不見。待後可得。○問訟事。主爲言語飲食細故啓釁。下欲動而上止之。必有上官出而阻止。不終訟也。○問婚姻。頤養也。婦主中饋。有養之義。外夫內妻。內動而外止。有婦從夫之象。吉。

初九。舍爾靈龜。觀我朶頤。凶。

象傳曰。觀我朶頤。亦不足貴也。

凡爻辭。爾與我對言。是易中比應。互爲賓主之一例。此爻爾我云云。自應位之六四告初九之辭。爾指初九。我則六四自稱也。龜爲四靈之一。不飲不食。服氣吐納。淵默自養者也。頤初上兩陽而包四陰。離象也。離爲龜。故曰靈龜。初九一陽之始。胚胎萬有。是即吾身之靈龜。不待養於外者也。舍靈龜而觀朶頤。是捐其廉明之德。以行其貪窃之情。蠢茲衆生。可悲可歎。故戒之曰凶。象曰。不足貴者。謂養小失大。縱得所欲。亦不足貴也。

(占)問戰征。古者行軍必先占卜以定吉凶。爻辭曰。舍爾靈龜。觀我朶頤。是不畏神明。而徒貪財物。故曰凶也。○問營商。初爻爲一陽之始。變而爲剝。剝者解剝也。象曰。不利有攸往。營商恐難獲利。爻辭曰爾我者。主賓也。朶頤者。口之動而食物也。舍靈龜而觀朶頤。有利亦恐爲他人食沒也。故凶。○問功名。靈龜者内心也。朶頤者外貌也。舍内而求外。舍己而觀人。徒慕虛聲。必無實學。功名難成。○問家宅。宅中六神不安。恐有外鬼作祟。動來求食。凶。○問疾病。病由飲食不節所致。宜問神祈禱。可愈。○問婚嫁。爾我者。男女兩姓也。舍爾觀我。顯見兩姓不諳。其故在爭論禮物。必不成也。成亦必凶。〇問訟事。必由口舌啓釁。曰舍我。曰觀爾。是兩造各執一見。一時不能就理。凶。

(占例)友人某來曰。余竊有希求。欲面謁某貴顯。請占其成否如何。筮得頤之剝。」

爻辭曰。初九。舍爾靈龜。觀我朶頤。凶。

斷曰。此卦內卦震雷。雷動也。外卦艮山。山止也。顯見雷欲動而爲山所止也。今得初爻。明明足下將有所動作。而爲貴顯所阻止。爻辭曰。舍爾靈龜。觀我朶頤。所謂爾者屬貴顯。我者是足下。舍爾觀我。是足下欲强貴顯而從我所求也。所謂朶頤者。口腹之求。無饜之欲。以此往謁貴顯。非特不成。恐反受譴責。故曰凶也。

友人聞之。不快於意。後往謁貴顯。爲所謝絕。

六二。顚頤。拂經。於丘頤。征凶。

象傳曰。六二征凶。行失類也。

二爻比初應五。陰柔不能自養。猶女不能自處。而必從男。陰不能獨立。而必從陽也。顛倒也。拂違也。經義也。丘所履之常處也。夫頤陽之道。以自上養下爲常。今二爻雖與五爲應。陰柔不能養五。反而求養於初爻。辭曰顛頤拂經。是顛倒而違於常理也。以此求養。未見其福。以此而行。未見有與。故曰頤征凶。象曰。行失類也。震爲行。陰陽各從其類。二爻不知養內卦之乾。反養外卦之坤。是爲失類。故征凶也。

（占）問戰征。行軍之要。首在紀律嚴明。步伐整齊。爻曰顛頤拂經。是必背違紀律。步伐錯亂也。凶莫大矣。○問營商。二爻變損。損耗損也。於商不利。爻辭曰顛。曰拂。是明言賣買出入不合常理也。故曰征凶。○問功名。顛頤拂經。是不循常道。僥倖求成。雖得終凶。○問婚嫁。六二陰柔居下。不奉上而反養下。是謂顛倒拂亂。不得其正。婦道不可問矣。故象曰。行失類也。凶可知矣。

（占例）友人醫師伊藤某。其子在橫濱營商業。伊藤某一日來訪。請占其子終身運限。筮得頤之損。

爻辭曰。六二。顚頤。拂經。於丘頤。征凶。

斷曰。頤之六二。以陰居陰。才智俱弱。未足興立事業也。頤者養也。當居下以奉上。不當以上而養下。此爲養之常道也。今六二爻辭曰。顚頤。拂經。於丘。是顚倒拂亂而失其正也。足下占問令郎終身。而得此爻。知令郎雖從事商業。必不能獲利而養親。而反將耗損父產。故曰征凶。且其所與共事者。皆非善類。故象曰。六二征凶。行失類也。爲今之計。惟囑令郎停止商業。可免後患。伊藤某聞之。大爲歎息。謂易象所云。絲毫不爽。即命其子閉店。其子不從。竟至產業蕩盡。可惜可惜。

六三。拂頤。貞凶。十年勿用。无攸利。

象傳曰。十年勿用。道大悖也。

三爻居內卦之極。陰柔而不中正。頤三變而爲賁。呂氏春秋。孔子卜得賁。曰不吉。以賁不得五色之正也。頤三比二應上。諂媚以奉上。是拂夫頤養之貞。故凶。

上下互坤。坤爲十年。故曰十年。坤又爲用。以其拂貞。故曰勿用。三至六爲剝。剝象曰。不利有攸往。註謂當剝之時。强亢激拂。觸忤隕身。是以不利有攸往。頤三拂貞。故直曰无攸利。是无所可往。无所得利也。象傳曰。道大悖也。極言於頤養之道。大相拂亂。故至十年而勿用。深責而棄絕之也。

(占)問戰征。師以貞爲吉。拂貞則不吉。頤養也。養兵以備用。養拂其道。則兵不可用。象曰。道大悖也。是犯上好亂。其敗亡必矣。故凶。○問營商。商業專在獲利。曰无攸利。無論營業之大小。無論販貨之遠近。皆无所得利也。極之十年勿用。是久久而不成事也。故凶。○問功名。功名之道。要在出而用世。得以可利濟羣民。是將以道養天下也。若拂夫頤之正。而極之十年勿用。則將終其身而不得見用也。故曰无攸利。○問家宅。是宅必久无人居住矣。且恐有鬼祟出而求食。家宅不安。住之不利。○問婚姻。主閨門不貞。其婚事亦必過十年可成。○問六甲。生男。

(占例)明治二十五年。占國家之氣運。筮得頤之賁。又占衆議院。得初爻。推理如左。

象辭曰。頤貞吉。觀頤自求口實。

爻辭曰。六三。拂頤貞凶。十年勿用。无攸利。

此卦。雷在下。山在上。雷欲動而爲山所止。頤之象爲人口。上腮止而下腮動。頤之義爲養。如張口以求食也。今占國家氣運得此卦。蓋國家所重在人民。人民之所重在食。人一日不食則飢。七日不食則死。人民之旦夕皇皇不憚勞苦者。無非自求其食也。內而家。外而國。仰事俯畜。皆藉得食以爲養也。且頤之反卦爲頤。人民發動。政府自上得以止之。政府行動。人民在下。亦得以止之。猶是頤之上下吻。有互相開合以爲用也。故利用觀。觀頤者。即觀其頤之貞不貞也。貞即正。所謂養正則吉。由一己以推諸家國天下。皆以得養之正爲吉。我日本全國人口繁殖。明治五年。三千五百萬人。二十年間。已達四千餘萬。今以一年平均計之。約有四十萬人增加。論土地之開墾。每年僅不過二萬町步。以地之所產。合計人口之所食。每年有二十萬人民不得其食。是以人民不能不自求口實矣。求而正者吉。不正則放僻邪侈。無所不爲。由是廉恥道喪。爭奪日滋。而盜賊羣起。原其故。無不由自求口實來也。朝廷治以禁暴之法。而不開其養生之源。譬如見赤子呱呱啼飢。不爲之哺乳。而與以止啼之苦藥。終無益也。爲今之計。惟在誘道窮民。使人開墾荒蕪不毛之地。又起國家公益之事業。而從事之。以與爲民力食之地而已。謂之頤貞吉。

三爻之辭曰。拂頤貞凶。十年勿用。无攸利。是即彖辭所云。頤貞吉者。而反言之也。十年勿用。无攸利。是凶之極致也。三爻以陰居陰。不中不正。上下俱悖頤養之正道。故曰拂頤貞凶。國家氣運。値此爻象。及今而不急爲調劑。恐異日之憂。有不可測者矣。且今後十年。即至大過上爻之氣運。則有窮民轉溝壑之象。故曰。十年勿用。无攸利。占象如斯。可懼。可懼。

占衆議院。得初爻。辭曰。舍爾靈龜。觀我朶頤。凶。象傳曰。觀我朶頤。亦不足貴也。」龜者介蟲之最靈者。曳尾泥塗。是葆養靈德。而不求口實者也。初爻震陽之始。爲下卦之主。爻辭曰。舍爾靈龜。觀我朶頤。凶。今就議員而論。所謂爾者屬主選之人。所謂我者必屬應選之人。是舍主選者之明鑒。而專觀應選者之口實。則龜無其靈。不足以爲龜。即議員無其材。不足爲議員也。故象曰。觀我朶頤。亦不足貴也。明言此徒求温飽之輩。雖倖充議員。何足貴乎。又此爻變則爲剝。剝之爲卦。君子道消。小人道長。此最爲國家盛衰所攸關。主議員之選者。所當凜凜也。

○友人某。從事商業。家道富裕。生有一子。平生悔己不學。使子就學東京。雖卒業學校。因素無家教。遂至所交匪人。徵逐酒食。浪費金錢。或侮慢老成。或誹謗親友。甚至以父爲頑固而奴視之。逼迫父母。分析財產。復來東京。充辯護之士。間營米商以爭輸贏。乃至亡失資本。復託友人。請求於父。於是其父來請一占。

筮得頤之賁。

爻辭曰。六三。拂頤。貞凶。十年勿用。无攸利。

斷曰。頤養也。謂宜以下養上者也。今令郎分父財產。未幾。耗盡而復求食於父。是下不能養上。而轉欲以上養下也。故三爻之辭曰。拂頤。貞凶。十年勿用。无攸利。以令郎素失教訓。不知生產之艱難。必至十年勿用。困苦窮阨歷盡艱辛。使之困極知悔。十年以後。或可有爲也。爲今之計。惟稍給口食。得以度日而已。是今日處置之法也。其父歎息曰。所謂子不教父之過。余知所悔矣。乃謝而去。

六四。顚頤。吉。虎視眈眈。其欲逐逐。无咎。

象傳曰。顚頤之吉。上施光也。

四爻柔正。與初九剛正相應。居得其位。以上養下。得頤之義。故曰顚頤。吉。四爻屬上體。得艮氣。艮爲虎。眈眈下視之貌。是威而不猛之謂也。逐逐。子夏傳作攸攸。荀作悠悠。劉作跾。云遠也。按漢書敘傳。六四眈眈。其欲浟浟。師古注。浟浟欲利之貌。初取象於龜。龜者介蟲之長。四取象於虎。虎者百獸之長。是兩相應也。龜之德在靈。虎之威在視。初與四。取義各有所在。且頤卦旁通大過。大過顚也。故四稱顚。二亦稱顚。六二顚頤凶。六四則以顚頤得吉者何也。蓋六二處下體而又養下。是以凶也。六四處上體。又應於初。陰而應陽。又能威嚴寡欲。所以吉也。象曰。顛頤之吉。上施光也。上謂上九。上得乾之一畫。乾陽上燭。光明無所不照。四知養其乾元。則乾之光施於四。四即得之以爲光。是以曰上施光也。

(占)問戰征。戰士之勇者稱虎臣。亦稱虎賁。皆謂其有力也。然必須養其精銳而後用。非徒恃威猛而輕進也。故曰顛頤。吉。○問營商。顛倒也。恐一時物價有倒跌之象。虎視眈眈。欲逐逐。譬言商人謀利之狀。能視其賤價而置貨。故吉而无咎。○問功名。功名之光。自古多取龍虎。是以吉也。視眈眈。欲逐逐。皆謀望騰達之意。○問家宅。此宅必右山白虎逐高。有怒目欲噬之形。幸四爻以陰居陰位得其正。可无咎也。○問六甲。生男。

(占例)內務省參事官松本郁朗氏。將以公事赴濃尾。因請占任命事件。筮得頤之噬嗑。

爻辭曰。六四。顛頤。吉。虎視眈眈。其欲逐逐。无咎。

斷曰。此卦內卦爲震動。外卦爲艮止。知足下赴濃尾地方。爲辨理震災後之事宜也。震動艮止。其象昭然。頤養之道。以下養上爲正。今震災之後。民不得食。朝廷爲發粟賑濟。是以上而養下也。顚倒也。故曰顚頤。吉。虎視眈眈。其欲逐逐。屬在災民。其皇皇求食。儼如餓虎。亦無足怪。然其中保無奸吏營私。視政府賑災之餉。陰作中飽之圖。所謂視眈眈。欲逐逐者。亦未始無人也。足下辦此災案。尤當察其姦曲。此爻變爲噬嗑。噬嗑爲卦。用獄明罰。所謂小懲而大誡之也。恤此災民。懲彼奸吏。雖有虎視眈眈。其欲逐逐。故无咎也。

松本氏首肯而去。後果如此占。

○友人某來。請占某貴顯。筮得頤之益。

爻辭曰。六四顚頤。吉。虎視眈眈。其欲逐逐。无咎。

斷曰。四爻位近六五。顯見宰輔之象。四處上體。爲艮之始。其威德能鎭定羣動。其恩澤能養育羣生。應於初爻。陰而養陽。又能威嚴而寡欲。故曰顚頤吉。虎視眈眈。其欲逐逐。无咎也。

友人曰。斷語如見其人。

六五。拂經。居貞吉。不可涉大川。

五爻中虛
象坎語
恐誤

象傳曰。居貞之吉。順以從上也。

五爻以陽居陽。无應於下。而比於上。是爲君者不能養人。反爲人所養者也。即拂君道之常經。故曰拂經。頤卦六爻。惟初上屬陽。陽宜行。陰宜居。且五體艮。艮爲止。行則失類。故曰居貞吉。五爻中虛象坎。坎爲險。又爲大川。居貞雖吉。而養道未成。不能以濟險。故曰不可涉大川。按二曰拂經。三曰拂貞。拂達也。二三以達拂頤養之道。故皆曰凶。五亦曰拂經。而獨曰吉。何也。不知五爻之吉。不在拂經。而在居貞。故象傳曰居貞之吉。順以從上。上謂上九。謂五近上。能以陰順陽。故居貞得吉也。

(占)問戰征。行軍之道。有經有權。謂能達權。似不必拘拘守經也。故拂經无咎。曰居貞吉。則宜固守。不宜進攻。不可涉大川。恐於川流之際有伏兵。舟楫前往。防有風波之阨。皆當謹慎。○問營商。利於坐賈。不利行商。販貨出洋。更爲可慮。○問功名。出而應試。難望成名。○問家宅。上體屬艮。山居則吉。若在臨江近水。其宅不利。○問婚嫁。恐有不得媒聘之正者。若能從一而終。則亦吉也。○問六甲。

生男。○問疾病。病在五爻。久則四五月。近則五六天。由於調養失宜。能安居靜養則吉。若冒風雨。涉遠路。恐難治也。

(占例)明治十年中秋。東京增上寺大敎正。福田行誡偕其徒少敎正朝日氏。來訪曰。我增上寺佛殿。往罹火災。已閱十年。寺增謀請重新。余謂兵革之餘。集貲非易。僧徒聞之。不以余言爲是。謂本山而無大殿。是失莊嚴之相。咸各誓願募化。計圖再建。於是豫算經費。一切所需。凡若干萬圓。後因物價騰貴。鳩工未竣。金欵告匱。敢請一占。余曰。易道盡人事而俟天命。瑣瑣細事。未可瀆問。不如占問佛殿之建築何時完成。朝日氏諾之。筮得頤之益。

爻辭曰。六五。拂經。居貞吉。不可涉大川。

斷曰。筮得頤五爻。可觀現今佛家之結果也。經即佛經。拂經者。有違佛經之旨趣也。維新以來。佛制亦從而改革。寺領既還。法禁遂改。食肉畜妻。在所不禁。出家在家。復何區別。是之謂拂經。然佛家宗旨。自來不一。古之名僧。有以飯鴿爲食者。經文所載。有以法喜爲妻者。是以身犯法而爲虛無。空諸所有而歸寂滅者也。此亦一法也。但必以安居守貞爲吉。若不避危險。與俗人爭利逐欲。則不可也。故曰。不可涉大川。頤反卦爲大過。大過四爻曰。棟隆吉。九四互乾。辰在亥。上値危室。開元占經。引甘氏曰。危主架屋。又引地軸占曰。營室大人之宮。故棟隆。佛殿以供大佛。是以亦有棟隆之象。頤五爻象傳曰。居貞之吉。順以從上也。上指上九。上九曰。由頤厲吉。大有慶也。五至上。相隔一爻。謂一年。順以從上。俟明年。佛殿可成。故曰有慶。

上九。由頤。厲吉。利涉大川。

象傳曰。由頤厲吉。大有慶也。

此卦初上兩剛。合養四陰。初爻在下。震陽尚微。勢力未充。上爻居上。艮陽已極。德足養人。卦中四陰。皆由上九而養。故曰由頤。上爻在卦爲成卦之主。在爻爲養人之主。其任甚重。且以陽剛之才。居危疑之地。苟其稍形驕惰。君疑衆怨。是危殆之道也。故人臣當此。唯常懷危厲之念。斯可保其吉也。伊尹周公。憂勤惕厲。終得其吉。即此道也。故曰厲吉。以厲而得吉也。養至此。則乾元在我。險可涉。危可濟。弱水不能陷。大海不能阻。夫亦安往而不可哉。故曰。利涉大川。較六五之可居貞。而不可以涉川者。又有進矣。是足以當天下之大任。濟天下之艱危。以成天下之治安者也。在此由頤之功耳。象傳曰。由頤。厲吉。大有慶也。謂陽剛在上。能由養己以及養人。推而至於養天下。則无人而不被其養。即无人而不獲其慶也。故象曰。大有慶也。

(占)問戰征。諺云。養兵千日。用力一朝。其得効力疆場者。皆由平日教養來也。故曰由頤。兵危事也。不知幾經危厲。乃得此克捷之功。故曰厲吉。利涉大川者。必其軍士同心同德。斯得涉險。臨危而不避。如周師之會孟津。諸葛之渡瀘水。是也。○問營商。商業專在謀利。得利則足以養身養家。然商不能安居而得利也。必將涉歷險途。或遠賈重洋。方可獲利。故曰厲吉。○問功名。功名一道。由小而大。由卑而尊。然必憂勤惕厲。乃得功成名遂也。象曰。大有慶也。是即所謂得之有喜也。○問疾病。雖危得救。故曰厲吉。○問六甲。生男。故象曰。大有慶也。

(占例)余每年於冬至日。占翌歲事物之吉凶。以爲常例。明治二十二年冬。爲占一卦。筮得頤之復。

爻辭曰。上九。由頤。厲吉。利涉大川。

今歲一月。某貴顯來訪。問及麥作豐歉如何。余曰。本年政府蓄金備荒。購入外國米。以濟災黎。某貴顯問何以知之。答曰。客冬余曾占今年麥作。遇頤之復。頤之爲卦。其象爲口。其義主養。小之則養在一身一家。大之則養及天下萬民。羣生衣食。由此而推暨也。故曰由頤。上九一陽在上。四陰在下。定卜先時多雨。麥作不豐。極至上爻。陽光發露。收成尙可。故曰厲吉。在昨年。因遭水災。穀粒歉收。今年春。麥又不豐。則民食闕乏。米價騰貴。勢必困苦流離。有不堪着想者矣。政府目擊時艱。設法賑濟。計維招購外國洋米。以濟民饑。其米之來。或自清國。或自印度。或自暹羅。皆由船運。故曰利涉大川。後余以此占上申大藏省。政府乃察其機。即以備荒蓄金購入外國米。出賣於諸港。民心遂得安悅。

䷛ 澤風大過

大過自頤而來。頤上下二陽。中包四陰。大過反之。以二陰包四陽。四陽過盛。故曰大過。夫道中而已。陽欲其盛。不欲其過。太剛必折。太實必裂。今四陽中滿。二陰屏居无位之地。陽雖盛而下无基。上无繫。反借資於二陰。二陰微弱。不能爲助。是失其中也。失中即爲過。卦體上兌下巽。兌正秋也。秋金氣。水之母也。故兌爲澤。巽辰在巳。上値軫。軫主風。故巽爲風。合之謂澤風大過。然大過異與小過。何也。小過以艮遇震。止而動。其動未危。陰雖盛而下有基。止則吉也。大過以巽遇兌。入而悅。悅極不出。陽雖盛而下無根。入則顚也。雜卦傳云。大過顚也。故大過一卦。不言頤。而頤卦言顚。以頤與大過。顚倒以相爲用。序卦是以置諸上易之路。天地再交。以成坎離也。

大過棟撓。利有攸往。亨。

大過。陽大陰小。剛積於中。足以任重。有似棟然。兌上巽下。巽爲木。兌爲毀折。木而毀折。棟斯撓矣。當此大廈將傾。非一木所能支。惟當出門求助。以拯患難。乃得亨通。故曰利有攸往。亨。

彖傳曰。大過。大者過也。棟撓。本末弱也。剛過而中。巽而說行。利有攸往。乃亨。大過之時大矣哉。

此卦下巽上兌。四陽積中。剛陽過盛。故曰大過。陽大陰小。故曰大者過也。棟屋脊也。巽木而爲兌金所傷。故撓。巽木本柔。上無根柢。下無附屬。故本末俱弱。剛過而中。非二五之中。謂四剛連亘。位處於中。剛雖過而位處中也。然不可徒恃夫剛。須以巽而說者行之。巽主初言。說主上言。四剛互乾爲行。以柔濟剛。黽勉前進。乃得亨也。故曰利有攸往。乃亨。蓋奇才生於困厄。定力出於艱辛。轉敗爲成。在此時也。故曰大過之時大矣哉。

以此卦擬人事。就卦體言。四剛居中。爲主於內。二柔在上下。爲客於外。爲主者剛過。是主剛而客柔也。就卦象言。四剛排列中間。二柔分居上下。儼若棟然。夫人必具剛强之德。斯足充棟梁之選。然過剛無制。則太强必折。其棟撓矣。要必以巽而說者行之。庶幾剛而有濟。剛不患其過剛。撓不至於終撓。蓋惟其有大過之材。乃克濟大過之事。利有攸往乃亨者。皆本乾元用九而來。利有攸往。卽乾之行健也。乃亨卽乾之元亨也。聖人於易雖以扶陽抑陰爲主。而有時亦借陰以濟陽。巽以出之。說以行之。是袪其大過而就以時中也。則變而不失其常。窮而不失其正。故曰大過之時大矣哉。所謂時者。亦即終日乾乾與時偕之道也。

以此卦擬國家。下卦爲人民。巽爲風。有四方風動之象。上卦爲政府。兌爲澤。有我澤如春之象。卦體剛在中。二柔居初上。是四剛當權。有威有福。居中而秉政者也。凡國家建大功。興大役。皆以一人身任其重。如大屋之有棟。以負荷衆材。然任載過重。則不勝其任。而立見其撓也。是本末弱也。所謂本末者。指上下二陰而言。二陰才力柔弱。不克任重。故撓。此乃陰衰而陽失其輔。臣弱而君失其衛。陽剛過中所致也。當此之時。在蹈常守轍之人。多不敢爲。惟知時達變之士。所欲奮然而往也。必其秉剛陽之德而能以巽順和說行之。寬以克猛。柔以濟剛。得時中之宜。無亢陽之患。足以平大難。興大業。乾卦所云。不言利而美利利天下者。胥是道也。故曰利有攸往。乃亨。蓋往以濟時之過。其必能通其時之變。反其勢之平。整頓天下於一新。維持世道於無窮。而可得亨通也。

通觀此卦。剛陽太實。有不能運動之象。譬如人之肢體肥重。不能轉運也。又四陽居中。二陰退而聽命。下無根柢。生氣已斷。上無附屬。枝葉既凋。故爻辭有枯楊之象。曾不如剝姤之猶可來復。然大過自頤來。頤養也。謂當養其二陰以相濟也。兌澤在上。巽木在下。象曰。澤滅木。澤本下而反上。木本上而反下。此大過之所以爲顚。過越常分之大者也。君子法之。獨立不懼。遯世无悶。是能以退藏者養其陽而防其過也。非君子則不能。大過六爻。二陰四陽。有陽爻而處陰位焉。有陰爻而處陽位焉。有陽爻而處陽焉。有陰爻而處陰焉。爻有不同。義亦各判。初爻以陽居陰。是過之尙微也。巽爲茅。茅雖柔物。藉之亦足助剛。故无咎。二爻亦以陽居陰。是過而不過也。巽木爲楊。澤滅之而枯。得陽九生氣。枯而復稊。故亦无咎。三爻以陽居陽。是過而又過也。四剛在中。如屋之有棟。剛果自用。終致棟撓。故凶。四爻亦以陽居陰。是亦過而不過也。四與初應。得其所藉。三曰撓而四曰隆。故吉。五爻以陽居陽。是過而無復過也。枯楊之象。與二爻同。然陽至五而極。雖華已衰。故曰何可久也。六爻以陰居陰。四剛既傾。是過之終極也。利有攸往。正在此時。所謂過涉者。忠在救時。故滅頂雖凶。而无咎也。以爻之相對者言之。初與六對。彖所云本末弱者。指初上也。一以藉茅而无咎。一以過涉而忘凶。皆足以救其過也。二與五對。枯楊之象。所取相同。生稊生華。久暫分也。三與四對。棟之爲象。所取亦同。曰撓曰隆。吉凶判也。總之卦以陰陽相偶謂得中。偏則爲過。四陽二陰。是大過也。故曰大者過也。君子於此。以獨立不懼。遯世无悶處之。抱憂時嫉俗之念。具撥亂反正之才。利害不計。成敗不言。上六之過涉滅頂者。必斯人也。復何咎矣。

大象曰。澤滅木。大過。君子以獨立不懼。遯世无悶。

此卦澤水浸淫巽木之上。木爲之枯。故曰澤滅木。當是時。世俗之士。或皆隨流逐波。鮮有不磨滅者矣。惟君子具大過人之材幹。雖時當困阨。而操守彌堅。所信者理。所樂者天。謂之獨立不懼。遯世无悶。是必剛而能柔。過而能往。可謂善處大過之時者也。

(占)問戰征。滅。滅絕也。大欲滅國。小欲滅身。其象凶矣。行軍占此。恐有暴水淹沒之禍。○問營商。象曰澤滅木。有低價忽而高漲之勢。○問功名。獨立不懼。遯世无悶者。謂當退身隱處。一時未可求名也。○問家宅。兌澤在上。巽木在下。其象反復。位置不正。防有滅凶之禍。○問疾病。是肝火內鬱之症。腎氣冲上。醫治非易。○問婚嫁。澤滅木。恐配偶之間。有老幼不匀。○問六甲。生女。○問失物。必墮入水溝之處。

初六。藉用白茅。无咎。

象傳曰。藉用白茅。柔在下也。

藉者。舖地也。白茅。取其潔也。古者祭祀。藉之灌酒。以降神也。茅白皆取巽象。巽在下卦。藉茅於下。所以承上之剛也。初爻陰柔居下。不犯剛而能承剛。當此大過之時。敬愼事上。不得謂過分也。故比之禮義之適中者。則有過於敬愼之失。比之傲慢侮人者。則其勝亦不啻霄壤。在高傲者固有咎。而卑下者必无咎焉。蓋茅柔物也。藉之足以相助。未可以茅之微而忽之。象曰柔在下也。以爻言則初在下。以茅言則藉在下。初六居陰。陰爲柔。茅質柔弱。故曰柔在下也。

(占)問戰征。當此初爻出師。最忌剛暴過甚。宜寬柔待下。○問營商。販運之貨。必是藥品。或是茶葉木棉。其色必白。其質必柔。均可獲利。○問功名。拔茅連茹。是有連類同登之象。○問家宅。其宅必近卑濕低下之處。屋外蔓草荒蕪。是初爻建築也。○問疾病。病體柔弱。下焦有濕。須用香燥之藥治之。○問失物。於草地上覓之。○問六甲。生女。

(占例)明治元年東久世中將。鍋島肥前守。充先鋒將收橫濱。余時在肥前守營中。兼管各種事務。藩士下村某。率兵士百人。奉命先收浦賀。以嚮導屬余。爲筮一卦。筮得大過之夬。

爻辭曰。初六。藉用白茅。无咎。

斷曰。凡占軍事。內卦爲我。外卦爲敵。初爻在內卦之下。以陽居陰。陰屬柔。顯見我宜用柔。兌爲澤。所攻取者。必是水澤之地。白茅柔軟之物。用以藉地。履之而安。無失足之虞。是致我啣枚潛進也。今聞浦賀港上。有開陽回天以下六艦碇泊。幕兵脫走者數千人。搭載之。浦賀兵士。又與之同心聯絡。敵勢過盛。未便用强攻擊。爻辭曰。藉用白茅。象曰。柔在下也。是明示以用柔之道。以柔能剛。收取海門咽喉爲上策也。余說下村某。率令十數人前進。不戰而平。

九二。枯楊生稊。老夫得其女妻。无不利。

象傳曰。老夫女妻。過以相與也。

二爻以陽居陰。陰盡則死。陽來則生。物之常理。巽爲木。兌爲澤。木之近水者爲楊。澤而滅木。楊必枯矣。得九二陽氣生動。故得枯而復生。稊。楊之秀也。按二爻體乾。乾爲老。爲男。故曰老夫。下得巽在初。巽爲處女。故曰女妻。二與初比而得初。故曰老夫得其女妻。夫夫婦配偶。以年之相若爲正。老夫女妻。是亦顚也。然老少雖非正匹。而陰陽自得相濟。老夫女妻。猶枯楊之生稊。終得妊育也。故曰无不利。象曰。過以相與也。卦之義在剛過。夫而過老。妻而過少。故曰過以相與。雜卦傳曰。大過顚也。斯之謂與。

（占）問戰征有轉敗爲勝之象。○問營商。兌爲陰。亦爲金。巽爲風。亦爲木。定爲金木生意。枯楊生稊。於種植林木。或販運樹木。皆无不利。○問功名。就爻象看來。必待晩年。方可成名。○問家宅。此宅昔年定多不利。係陽宅居於陰地。近來得陽九發動。必有枯樹開花。此其兆也。利。○問婚姻。主有老鰥重娶。得以生育。大利。○問疾病。雖危得安。○問失物。必得。

（占例）明治二十二年。友人來請占某家運氣。筮得大過之咸。

爻辭曰。九二。枯楊生稊。老夫得其女妻。无不利。

斷曰。此卦上兌下巽。是以兌少女居巽長女之上。少女不善理家。長女將取而代之。故一家因此有顚覆之患。今占某家得此爻。家業之衰。得人理之。自然復盛。猶木之既枯。得陽氣發動。自然生稊。人雖既老。得配少妻。亦能生育。皆有既敗復成之象。所謂枯楊生稊。老夫得其女妻。无不利者。是也。

○明治二十七年十二月我軍自入海城。有敵將宋慶乘雪中通路。屢來逆襲挑戰。海城幾危。筮得大過之咸。

爻辭曰。九二。枯楊生稊。老夫得其女妻。无不利。

斷曰。此卦合上下二卦。有坎險之象。是兩軍共履困難。今爻辭曰枯楊生稊。楊以冬枯春生。必待春暖。我軍乃可突出。所向無敵。老夫得其女妻。无不利。是我師既老。必得新來之兵。發助壯氣。可以制勝也。後果有第二軍精兵新來。占領蓋平。聲援海城。二月十四日克太平山。三月四日占領牛莊。六日占領營口。九日陷田庄臺。渾如草木乘春生發也。

○明治三十一年占我國與淸國交際。筮得大過之咸。

爻辭曰。九二。枯楊生稊。老夫得其女妻。无不利。

斷曰。此卦兌上巽下。兌爲金。爲澤。屬正西。巽爲風。爲木。屬東南。金來尅木。顯見西來侵奪東南。象曰。澤滅木。是其兆也。今占得二爻。二爻以陽處陰。爻辭謂枯楊生稊。楊即巽木。爲澤所滅。故枯。枯者衰敗之象。足見東南之衰弱。生稊者是得春陽之發動也。老夫者。亦衰象。得其女妻。是得少陰之相助也。論我日本與清國。皆地居東南。朝鮮一國。介在我兩國之間。我國向欲與清國協商。以合力保護朝鮮。清國拘泥舊慣。以朝鮮爲屬邦。不容我議。我兩國因之啓戰。清國敗北。割地講和後。魯德法三國聯合。意屬護清。逼我割還遼東。在三國包藏禍心。未必不借此爲功。迫索清國。分割要地。此亦勢所必至也。清國近知歐洲列國之不可恃。願蠲舊怨。敦夙好。重聯唇齒之盟。我國亦願從此與清國。憂樂相同。患難與共。合保東南。力拒歐西。惟期轉弱爲强。反衰爲盛。猶如枯楊之生稊。老夫之得妻也。象曰。過以相與也。以言我兩國昔日相戰。今日相和。是過分相與也。

九三。棟撓。凶。

象傳曰。棟撓之凶。不可以有輔也。

就全卦言。四剛連亘在中。如屋有棟。上下兩陰。皆弱故撓。就三爻言。九三互乾。辰在亥。上値危宿。按危三星。在虛東北。形如蓋屋。有棟之象。且以剛居剛。過而又過。過剛必折。故撓。九三剛愎自用。視羣策羣力。皆莫已若。遂至孤立無助。愈高愈危。終致棟撓之凶。象曰。不可以有輔也。言三予智自雄。不能與人共事。集思廣益。故不可相輔有成也。亦三自取之耳。

(占)問戰征。棟者一屋之主。即一軍之主帥也。撓者。摧折也。棟而撓。是主帥受傷之象。弊在主帥過於剛猛。不聽人言所致。故凶。○問營商。商業必須得人爲輔。方能成事。若自運自刃。非特經營不大。且恐致意外耗失。棟撓云者。有人財兩失之慮。故凶。○問功名。能任大任者。稱棟梁之材。云撓。則棟非其棟矣。雖成終敗。凶。○問家宅。此宅不吉。棟折榱崩。不可居也。凶。○問婚嫁。九三以陽居陽。孤陽無助。婚姻不成。成亦不吉。○問六甲。生男。恐不能養。

(占例)明治二十三年某月友人某來曰。依市町村制。將選擧市長。我市民向所屬望者。有甲乙二人。我以甲爲適當。故將投票。請占其勝敗。筮得大過之困。

爻辭曰。九三。棟撓。凶。

斷曰。此卦四陽居中。爲棟。初上二陰柔弱。不克任重。故撓。今占選舉市長得此爻。在甲才力俱强。足以任事。但恃己傲人。剛愎過甚。剛則必折。撓之所由來也。三爻以陽居陽。是謂過而又過。雖與上六相應。上爻以陰居陰。柔弱無力。縱極力爲之推薦。無能爲也。四爻爲乙。曰棟隆。得選必在四矣。甲無望焉。

後果如此占。

九四。棟隆吉。有它吝。

象傳曰。棟隆之吉。不撓乎下也。

九三曰棟撓。九四曰棟隆。其義相反。以九四在下卦之上。以陽居陰。亦過而不過也。下與初應。初爻雖弱。得其所藉。即可不撓。按九四辰在午。上値張。南宮候曰。張爲天府。故有棟象。隆。說文曰。豐大也。玉篇曰。中央高也。棟以任重。故宜大。

棟在屋中。故宜高。高必以下爲基。下有所藉。斯高而不危。三之所以撓者。下無藉也。四得其藉。故隆。凡事之得所憑藉。而大險可濟。大功可成。上不孤君之託。下不負民之望。皆猶是也。其吉可知。故曰棟隆吉。有宅。吝者。言四若懷他志。厭初之本弱。而不屑用其藉。則三之撓。即爲四之撓。必不免於吝矣。象曰。不撓於下也。謂棟既隆起。下必不撓也。

(占)問戰征。行軍屯營。宜占高阜要地。下有所藉。斯營基鞏固。可進可退。自不爲敵所撓也。故吉。○問營商。想必是材木生意。木料高大。足備巨室之用。若他項經營。恐未必佳。○問功名。爻曰棟隆。必是大材。可當大任。斯足副棟隆之兆。其他小試。非其所長。有不屑爲也。○問家宅。此宅棟樑輝煌。門戶宏濶。吉。○問疾病。想是中胸有痞塊高起。然無害。

(占例)有甲乙兩會社。同業相競。一日甲社社長某來曰。今當市內販路之點。勢難兩立。因請一占。筮得大過之井。

爻辭曰。九四。棟隆吉。有宅。吝。

斷曰。卦名大過。是剛過也。而當地立兩社。亦爲過分。占得四爻。爻曰棟隆吉。此卦三四兩爻。皆取象於棟。猶之二社並立也。可知甲乙之爭。即在此三四兩爻。乙社九三。以陽居陽。是材力與資本俱足。其應爲上爻。上爻無可憑藉。甲社爲九四。以陽居陰。材力與資本稍卑。其應爲初爻。初爻得其所藉。有藉者隆。無藉者撓。甲社勝矣。謂之棟隆吉。

後果甲興乙仆。

九五。枯楊生華。老婦得其士夫。无咎。无譽。

象傳曰。枯楊生華。何可久也。老婦士夫。亦可醜也。

枯楊之解。見九二下。此爻與上六陰陽相比。得陰潤之助而生華。故曰枯楊生華。楊華無實。飄蕩隨盡。榮無幾時也。九二以得初陰之助而生稊。九五下無有助。唯與上六相比。猶斷根之楊。得雨露之潤。雖一旦發華。不久凋落。老婦指上六。喻上六陰極而衰。士夫指九五。喻九五之無內助。士未娶妻者之稱。即謂少年。陰而居上。故呼老婦。陽而居下。故稱士夫。是亦大過之義也。九五以剛在剛。三陰皆不爲用。獨與上六陰陽相比。故曰夫婦。從夫婦之序而論。當曰士夫得老婦。今曰老婦得士夫者。原其配偶之所起。志出老婦。老婦首唱而求士夫。醜體尤在老婦。亦以見聖人盡人情。考世故之妙也。象傳曰。老夫士夫。亦可醜也。醜者汚辱之義。深惡之之辭也。

(占)問戰征。行軍占此。必軍中主將偏裨。位置顚倒。任用不當。一時雖獲勝仗。未能持久。○問營商。防經商者貪戀外遇。致播醜聲。○問家宅。防閨房不正。牆冓有茨。○問功名。必主晚年獲雋。○問婚嫁。必年齒不齊。匹偶不正。○問六甲。生女。不育。

(占例)明治十七年因朝鮮滋事占日清關係。

爻辭曰。九五。枯楊生華。老婦得其士夫。无咎。无譽。象傳曰。枯楊生華。何可久也。老婦士夫。亦可醜也。

斷曰。此番朝鮮發礟啓釁。不特關涉朝鮮。即關涉清國。是三國中一大關涉之事也。在朝鮮孱弱已極。譬如枯楊。即一時開花。不久遂零落矣。在清國政尙舊習。譬如美婦。亦已老矣。清國且以朝鮮爲屬邦。朝鮮政令。悉皆聽命於清。儼如少男受制於老婦也。今我國無端而受朝鮮之辱。不能不與之論辨。論辯不直。必將大啓兵端。亦勢所必然也。清國亦知其然。故願與議和。就爻象而細究之。知日清必不至決裂也。其間機密。爻象雖露。未可顯言焉。

○明治十八年夏。余避暑於箱根。與貴顯某某等同宿旅舍中。一日相與閒遊山野。某貴顯曰。此間幽閒僻靜。覓一勝地。結一別墅。足以避囂。足以娛老。洵可樂也。足下亦有意否。聞言亦覺欣然。既而思之。不能自決。爲占一卦。筮得大過之恒。

爻辭曰。九五。枯楊生華。老婦得其士夫。无咎。无譽。

斷曰。五爻以陽居陽。貴顯屬陽。未可以閒退也。就其地論。箱根屬在東海道。是爲巽木之位。爻曰枯楊生華。知箱根繁盛。亦不久矣。且遊客往來。多在避暑之時。過此鮮有到者。老婦得其士夫者。以喻箱根之地。名勝久著。若老婦之素有艷名。士夫者。少年也。少年聞其名。未涉其勝。是以多來遊賞。究之一過即往。无咎。亦无譽也。且少年人不識風雅。反來作踐。故象曰。亦可醜也。因謝某貴顯之勸。

○明治三十一年。占國民協會氣運。筮得大過之恒。

爻辭曰。九五。枯楊生華。老夫得其士夫。无咎。无譽。

斷曰。五爻以陽居陽。是過而又過。宜其民心盛强。而爻辭曰枯楊何也。蓋以巽本柔木。一經兌澤所滅。幾成枯木。雖一時復華。亦不久搖落矣。且陽至五而極。陽極則衰。陽將變而爲陰。故稱老婦。士夫少男也。近年社會。往往多用少年。亦時勢使然也。故曰老婦得其士夫。究之老大者無能。反以少年之議論爲得計。噫。亦可醜也。爻曰无咎。无譽。可知本年協會之氣運。亦無榮無辱而已。

上六。過涉滅頂凶。

象傳曰。過涉之凶。不可咎也。

過涉滅頂者。謂犯危險而涉河。不得達岸。水沒其首也。互卦乾爲首。爻例上爲頂。上六兌爻。兌爲水澤。位近酉。上値胃。附星積水。石氏云。積水星明。則大水出。故有過涉滅頂之象。六爻以陰居陰。才力俱弱。但其志在救時。雖履患踏險。明知過涉之多凶。而忘身濟國。有不遑反顧者。即使其功不成。其志深足尙焉。復有何咎。此所謂勇士不忘在溝壑。志士不忘喪其元。萬世綱常。正賴此輩以存也。

(占)問戰征。恐有主將陣亡之慘。○問功名。有頭懸梁錐刺股之苦志。宜其聲名顯達。有志竟成。○問營商。運貨出洋。最宜謹愼。○問疾病。恐水氣上冲。頭面浮腫。凶。○問家宅。恐有大水泛漲。牆傾屋倒之患。○問六甲。生女。

(占例)某縣人攜友人某之添書來曰。今謀新創一事業。深有所慮。請占其成否如何。筮得大過之姤。

爻辭曰。上六。過涉滅頂凶。无咎。

斷曰。六爻居兌卦之終。志在救時。未免過於決裂。是以凶也。今足下占事而得此爻。知足下所謀事業。有關公益。但其中事多顛覆。率意經行。禍有不測。還宜待時而動。毋蹈於危。徒自苦耳。切囑切囑。

後此人不用此占。遂至失敗。

○明治二十八年。占我國與法國交際。筮得大過之姤。

爻辭曰。上六。過涉滅頂。凶。无咎。

斷曰。上爻居外卦之極。殆謂外交既平以後。又將別起一波乎。爻辭曰。過涉滅頂凶。我國自過海遠征。清國戰敗。割地議和。我軍即此凱旋。在我國固未嘗過於苛求。就爻象觀之。或者他國謂我剛强過甚。將有出而干涉其事者。亦未可知也。後果有魯法德三國同盟。干與清國和欵。逼我即還遼東。我政府措置。能適此卦意。無事結局云。

☵☵

坎爲水

坎從大過來。序卦傳曰。物不可以終過。故受之以坎。大過者過也。坎字从土。从欠。欠不足也。以不足補其大過。故繼之以坎。卦體一奇二偶。二偶坤地。一奇乾天。乾天藏於坤地之中。元氣充溢。化濕而生水。是謂天一生水。此坎之所以爲水也。

習坎。有孚。維心亨。行有尙。

卦體。上坎下坎。是上下皆水也。八純皆上下一體。獨坎加習。習有二義。一謂便習。即學而時習之習。謂坎險難涉。必須便習諳諫。方可以濟。一謂重習。謂上下皆坎。是取重疊之義。坎中一畫即乾陽。乾陽剛正。誠實居中。故曰有孚。一陽在中。中即心也。元陽開通。故曰維心亨。心亨者。亦即從乾元亨來也。以此行險。則孚而能格。亨無不通。故曰行有尙也。

彖傳曰。習坎重險也。水流而不盈。行險而不失其信。維心亨。乃以剛中也。行有尚。往有功也。天險不可升也。地險山川邱陵也。王公設險以守其國。險之時用大矣哉。

習坎。習。重也。坎。險也。是險不一險。故曰重險。習字从羽。从白。註謂鳥數飛也。蓋鳥以數飛。能避羅網之險。故坎曰習坎。亦取其可以避險也。坎爲水。水流不息。隨流隨進。而未嘗見其盈也。水隨月爲盈虛。朝潮夕汎。漲落有常。而未嘗失其時也。二五兩爻。體乾皆中實。中者。心也。維中實乃有孚。亦維中實乃能亨。心之所以亨者。以其剛之在中也。中有剛則心泰。心泰則神旺。神旺則一往直前。而所在有功。其行是可嘉尚也。大凡天下之事。處順則易。履逆則難。孔子論仁。徵之於造次顚沛。中庸論道。極之於夷狄患難。艱險之地。非有定識定力者不敢行也。若魯莽而行之。亦鮮見其有功者哉。八卦之德。美而多吉。惟坎爲險多凶人皆以險爲可懼。而坎乃以險而爲用。天以險而成其高明。地以險而成其博厚。國以險而成其强大。險之爲險。其用。甚大。知險之爲用。則可知坎之爲用矣。」

以此卦擬人事。彖曰重險。以見險之不一險也。卦體上下虛而中實。知虛者皆水。而中實爲土。亦虛處爲陷。而中實爲孚。孚者何。以心相格也。人能以心相格。其心自然亨通。所謂忠信可涉波濤者此也。在初經涉險者。往往臨險而却步。然萬里風帆。賈客頻行而不懼。千重絕壑。樵夫徒步而忘危。何也。以其習熟也。坎之一卦。所以加一習字。正以勉人當習驗之而無忽焉。水之流時往時來。不愆期候。是其信也。水之行。汪濊注川。自然流通。是其功也。人皆以水爲陰柔。不知水有剛中之德。唯其剛中。是以能亨。人若狃於陰柔。必致迂滯不通。其奚以能亨乎。亦奚以能行乎。知其剛中。而習鍊以行之。則視險如夷。而所往有功。洵可嘉尚矣。蓋觀夫天而懸邈高遠。其險不可登也。觀夫地而深山大澤。其險有各在也。觀夫國而下陽大峴。其險有必爭也。謂險可用。而險亦有時不可用。非險之不可用也。亦在用之得其時耳。故不曰險之用大。而曰險之時用大矣哉。」

以此卦擬國家。坎卦二陽四陰。二五君臣之位。皆陷於二陰之險中。朝政紊亂民志囂張。加以氣候失節。穀麥不登。正値天時人事之窮。因之以成坎險之世也。內卦初爻。爲坎之始。是國家初値其險。失道則凶矣。三爻是一險未平。一險又來。國家之勢幾危矣。二爻雖秉陽剛之德。而力求濟險。無如兩坎相接。陷溺已深。所得亦小矣。外卦四爻。以陰居陰。處重險多懼之地。樽簋之貳。以象其重累。是國家危急存亡之際也。上六與初爻。相爲首尾。初爲險之始。上爲險之終。初猶得曰昧于未經。上則狎以爲常矣。不可以理諭也。九五爲卦之主。陽剛獨攬。與九二相應。九二能操心慮患。夙夜靖共。輔佐九五之君。撥天下之亂。靖國家之難。上下交孚。治道乃亨。往而有功。烏容沒也哉。聖人於坎而勉以習。於險而惕以重。于流而不盈者言其深。于行而有信者驗其誠。而坎險乃可濟矣。君子之所以常德行。習敎事者。胥是道也。蓋天之所以高。地之所以厚。王公之所以立國。皆險之用也。如坎睽蹇。皆非美事。聖人有時而用之。故皆贊歎之曰。時用大矣哉。此義不可不知也。

通觀此卦。是進固險。退亦險。是謂重險。困上加困之象也。彖說君子之難。爻說小人之難。以示出坎之道者也。夫處險而動心忍性者。君子之坎也。値險而墮節隕身者。小人之坎也。人生値世。莫不有坎。而所以防險者。要自有道也。故彖辭首勉之曰習。繼惕之曰孚。而終美之曰亨。蓋謂水之爲物。流而順行。則無漲溢之患。塞而滯。則必溢。故行險者謹愼恐懼。不失其信。可終得其成功也。察六爻之情。同處困難。各有吉凶。初六爲履險之始。習而未精。遂陷深坑。外无應援。不克自濟。是以凶也。九二剛中。求而有得。則險而不險。險在其中。即亨在其中也。是以曰未出中也。六三兩坎相接。入險既深。陰柔不正。未能出險。是以終无功也。六四雖抱忠貞之心。而局量狹隘。自乏救險之才。唯祈鬼神。從九五之陽。而得出險者也。是以曰剛柔濟也。九五陽剛中正。高居尊位。爲坎體之主。象傳所謂水流而不盈者。惟五當之。水德在平。平則險不爲險。是以曰无咎也。上六居坎之極。坎爲獄。此爲陷險而入於獄也。初之失道。尚可宥焉。終之失道。不可宥也。懲以三歲。期其悔復。是以三歲凶也。蓋人之涉世。如水流坎。無時無險阨。

無地無缺陷。庸人處之。遂步成荆棘。君子履之。畏途亦康衢。何者。君子習慣。庸人生疎。此坎之所以貴習也。

大象曰。水洊至。習坎。君子以常德行。習教事。

坎爲水。水性本至平。可爲物之準則也。故坎爲通。爲平。爲中實之信。洊。重襲也。雷曰洊者。聲相續也。水曰洊者。流相續也。常者謂終始如一。習者謂一再不已。君子法水之洊。而日新其德。法坎之習。而不倦其教。德以有常而不改。教以練習而不輟。內卦三爻屬己。所以修己也。外卦三爻屬人。所以教人也。脩其既成。勉其未成。君子濟險之功在是焉。

(占)問戰征。有敵兵頻番侵襲之勢。宜時刻防備。○問功名。有逐步升騰之象。○問營商。財如流水。源源而來。可久可大。商運亨通。○問家宅。此宅外北首。必有坑陷。泉流不息。坎辰在子。上値虛危。危主蓋屋。恐隣居有營造之象。○問疾病。防是水瀉之症。歷久未愈。宜禱。取樽酒簋貳之義。○問婚嫁。必是親上加親。有重復連親之象。○問六甲。生男。

初六。習坎。入于坎窞。凶。

象傳曰。習坎入坎。失道凶也。

習者。重復慣習之義。窞者。坎中小穴也。初爻爲卦之始。即爲坎之始也。列子曰。人有濱河而居者。習於水。勇於泅。所謂善泅者不溺也。初爻習而未善。是以不能出坎。而反入於窞。窞爲小坎。小坎則陷愈深。而出愈難。故凶。象曰。習坎入坎。謂習坎者本欲出坎。習坎而入坎。非習坎誤之。在習坎之失道者誤之耳。故曰失道凶也。

(占)問戰征。有設計埋伏因之反墮敵計。凶道也。○問功名。有徼倖求名。反致遭辱。是無益而有損也。○問營商。因販貨失利。轉運他處。貨到。市面更小。不能脫售。○問疾病。求醫療疾。醫失其道。其病益危。○問婚姻。恐墮騙局。必非明媒正娶也。○問六甲。防生產有難。

(占例)友人某來請占氣運。筮得坎之節。

爻辭曰。初六。習坎。入于坎窞。凶。

斷曰。坎爲水。爲大川。爲溝瀆。皆水流汙下之地。初爻當卦之始。居卦之下。是初入水處。不知其深幾重也。玆卜氣運而得此爻。論人生命運。平順興旺者吉。缺陷窮阨者凶。坎者陷也。可見目下不利。宜以道自守。若失道妄動。恐入陷益深。凶難言矣。凡卦爻一爻爲一年。必待五爻。曰坎不盈。祗既平。可无咎矣。

其後果如所占。

九二。坎有險。求小得。

象傳曰。求小得。未出中也。

上坎爲穴。下坎爲險。有險者。謂前後左右皆險地也。此爻以一陽陷二陰之中。又無應援。固不能遽出坎險。唯其有剛中之德。忍耐困守。縱不及五之不盈而平。可以免咎。而求之不已。亦不至毫無一得。故曰求小得。蓋雖小亦得也。象曰。

未出中也。可知亨在中矣。

(占)問戰征。可暗通隧道。以襲敵營。雖未大捷。必有小勝。○問營商。小利可謀。○問功名。小試必利。○問家宅。宅外恐有河岸崩頽。宜加修治。○問疾病。必是瘡瘍等症。延醫治之。當得小效。難期全愈。○問六甲。得男。

(占例)有東京某富商甲幹。來請占其店氣運。筮得坎之比。

爻辭曰。九二。坎有險。求小得。

斷曰。九二以陽居陰。位得中正。爲內卦之主。與五相應。五位居尊。必是五爲主店。二爲分店也。今占得坎二爻。曰。坎有險。必兩店共際險難。一時商運衰微。動遭虧耗。非人力之咎。是氣運使然也。足下既代主人而占。必能盡心於店事。惟當至正至中。不涉偏私。竭力圖謀。雖無大利。必有小得也。

後果如所占。

六三。來之坎坎。險且枕。入于坎窞。勿用。

象傳曰。來之坎坎。終无功也。

此爻以陰居陽。不中不正。才弱而志强。在二坎之間。而一無應援。欲越險而前行。有上卦之坎阻止。欲避險而他往。有下卦之坎橫來。是本位既不得安居。而前後左右。進退動止。亦復無地非坎。故曰來之坎坎。枕。止也。安也。謂既履其險。且爲休止而暫息焉。雖一時未能出險。亦不至入而益深。若勿用安息。而强與力爭。必致入於坎窞。而不可救矣。窞。說文曰。坎中更有坎也。虞曰。坎中小穴。初三兩爻皆陰。空穴。故皆稱窞。象曰。終无功也。謂自來豪傑。皆自困苦中磨礪而成。坎險足以阨人。坎險實足以成人。若遇險而徒晏息偷安。是失險之時用矣。故曰。終无功也。又按險且枕。費易古文作檢且沈。檢。檢押。謂築堤防水。爲之檢押。沈。川祭名。禮記曰。祭川沈。凡沈辜。謂磔牲以祭川也。夫治水者唯在順其性以導之。若但用檢押。則水勢壅而愈猛。決堤崩岸。所傷益多。雖沈牲以祭。究何濟乎。故爻戒以勿用。傳釋以无功。此又一說也。似較訓沈謂安謂止者。其義尤精。

(占)問戰征。象爲營壘四面。皆臨坎險。進退兩難。宜枕戈暫息。以待應援。○問營商。觀爻象爲海運生意。舟行且阻。宜入奧暫守。○問功名。觀象。是値萬般困阨爲餓肌勞膚之時也。目下无功。晚成可望。○問家宅。此宅水法錯亂。殺氣多凶。屋北有一坎窞。急宜塡滿。○問婚嫁。坎爲男。是爲男家求婚也。爻曰。勿用。必不成也。○問六甲。生男。

(占例)某氏來請占氣運。筮得坎之井。

爻辭曰。六三。來之坎坎。險且枕。入于坎窞。勿用。

斷曰。坎者。險也。險者。難也。爻曰來之坎坎。是坎險重複。困苦纏綿之象。占問氣運而得此爻。顯見前進爲險。後退亦險。一時終難解脫阨運。若妄用妄動。必致陷入深窞。不可得救。宜困窮自守。以待後運。

○明治三十年占外國交際。筮得坎之井。

爻辭曰。六三。來之坎坎。險且枕。入于坎窞。勿用。

斷曰。此卦上下皆水。坎體一陽。陷于二陰。是爲坎之又坎。困難重複之象。今占外國交際。而得此爻。我日本濱海之邦。東西南北。環抱重洋。舟船往來。島嶼重疊。所在皆坎險之地。設險守國。固其宜也。論外國交際。自海禁一開。西夷北狄。海船時通。來之坎坎。是其象也。際此時艱。唯當嚴修內防。枕戈以待。若妄用干戈。則愈生艱難。故曰入于坎窞。象曰。來之坎坎。終无功也。謂坎險頻來。內防不暇。而妄開外釁。何能見功哉。

果哉是年政府從事海陸軍之擴張。築造砲臺。正合爻象。

六四。樽酒。簋貳。用缶。納約自牖。終无咎。

象傳曰。樽酒簋貳。剛柔際也。

樽。酒尊也。簋。黍稷器也。貳。副也。禮有副尊。按周禮大祭三貳。中祭再貳。小祭壹貳。謂就三酒之尊而益之也。缶。即謂之盎。瓦器也。又六四辰在丑。上值斗。可以斟之。象尊。上又有建星。形如簋。建星上有弁星。形如缶。故六四皆取其象。約。儉也。貳以致其禮之隆。缶以昭其用之儉。牖室中通明之處。坎爲納。故曰納。詩采蘋。于以奠之。宗室牖下。納約自牖。義取此耳。六四以陰處陰。本易有咎。廼四爻能以樽酒簋貳。約而自牖納之。可以羞王公。可以享宗廟。故終得无咎。象曰。剛柔際也。謂上下兩卦。二剛四柔之際。兩坎相重。樽簋之貳。以象其重也。謂處剛柔相交。能以樽簋自牖納之。亦足昭其誠也。故曰无咎。

（占）問戰征。行軍以糧餉爲重。所謂足兵。首在足食。納約自牖云者。牖非納食之地。猶言潛地運餉。以防敵兵刼奪也。○問營商。坎爲酒。想是造酒之業。○問功名。想是春風得意。燕樂嘉賓。可喜可賀。○問疾病。宜禱。○問婚姻。吉。

（占例）縉紳某來。請占氣運。筮得坎之困。

爻辭曰。六四。樽酒簋貳。用缶。納約自牖。終无咎。

斷曰。四爻處多懼之地。坎險重重。本易招咎。今貴顯占氣運。而得此爻。爻曰樽酒。貳簋。納約自牖。據此可知貴顯食用儉約。以禮自守。固无咎也。且四與五比。四以陰居陰。五以陽居陽。四臣也。五君也。象曰剛柔相濟。正見君臣相得也。

○明治三十年。占我國與韓國交際。筮得坎之困。

爻辭曰。六四。樽酒。簋貳。用缶。納約自牖。終无咎。

斷曰。韓邦僻處東海。國小而弱。地當海道之要。爲外交各國所窺伺。今見重險國運至此。是險之又險者也。今占與我國交際。而得坎之四爻。按周易鄭荀義云。六四象大臣出會諸侯。四承九五。天子大臣之象。樽酒。簋貳。主國饗之之禮也。現今各國交際。皆屬在使臣。使臣燕饗。亦禮之常。而唯納約自牖一言。頗有可疑。蓋燕饗之禮。獻之於筵。斷不納之自牖。四居外卦。或者韓君出避於外。而就食於使臣之館乎。納約自牖。蓋潛送食品之謂也。曰終无咎。謂一時雖遭其難。而終必復位。此年韓王果有出投俄國使館之事。

九五。坎不盈。祇既平。无咎。

象曰。坎不盈。中未大也。

九五以陽居陽。位得中正。爲坎之主。象傳所謂水流而不盈。惟五足以當之。水之德在平。平則險不爲險也。祇既平者。謂適得其平。坎穴也。穴中之水。不盈則平。盈則汎濫橫流。便有衝決之患。凡天下之事。多以盈滿招災。水亦如是。唯其不盈而平。是以无咎。象曰。中未大也。大猶滿也。惟其坎流不大。斯得平穩無險。否則大水爲災。水亦何取夫大哉。故曰。中未大也。坎險危地。本非美德。五之不盈。雖爲善處險者。亦但云无咎而已。未足稱吉也。

(占)問戰征。爲將之道。最忌恃功而驕。以致衆心不平。取敗之道也。雖孫吳復起。不能爲功。○問營商。不貪一時意外之利。必酌量物價之平。以計久遠。是善賈者也。○問功名。名位不大。○問時運。謙受益。滿招損。終身誦之可也。○問家宅。宅外有小地。水流清淺。又有一平坡。風景頗好。无咎。○問婚姻。兩姓門戶相當。吉。

(占例)相識商人某來。請占氣運。筮得坎之師。

爻辭曰。九五。坎不盈。祇既平。无咎。

斷曰。坎爲困難之卦。今得第五爻。則從來辛苦。漸得平和。爾後可交盛運。故曰坎不盈。祗既平。无咎。

後果如此占。

上六。繫用徽纆。寘于叢棘。三歲不得。凶。

象傳曰。上六失道。凶。三歲也。

上爻以陰居陰。當坎險之終。而不知悔悟也。初之失道。猶得曰未經。上之失道。狎之以爲常矣。不可以理諭。惟有以法繩之。坎爲罪。爲獄。爲叢棘徽纆。繩索也。叢棘。獄墻也。繫之以徽纆。置之於叢棘。所以治其罪而使之悔也。坎爲三歲。故禁錮三年。律所謂上罪三年而舍也。三年而悔過遷善。斯得反其正矣。三年而不改。是將終身失道矣。故象曰。失道凶也。聖人之懲惡也。始則嚴以繩之。終必寬以宥之。迨至久而不悛。亦末如之何也已矣。此可知聖人未嘗輕棄人也。

(占)問戰征。有勞師遠征。久役不歸之慮。○問營商。想是採辦蠶絲生意。三年之後。方可獲利。○問功名。恐有意外之災。不特功名不就。防有牢獄之罪。凶。○問婚姻。紅絲繫足。婚姻有前定也。但良緣未到。須待三年後。可就。○問六甲。得子。須遲。○問家宅。此宅不知緣何荒廢。牆圍徧生藤蔓。宜加修葺。前住者不利。後住者吉。

(占例)明治十七年十月。埼玉縣秩父郡暴徒蜂起。勢甚猖獗。將延侵各郡。予深憂之。偶一友人來。請占結局如何。筮得坎之渙。

爻辭曰。上六。繫用徽纆。寘于叢棘。三歲不得。凶。

斷曰。爻象明示以教化之不從。治之以刑法也。拘以徽纆。錮以叢棘。是治罪之律也。當時國家效法西歐。改革舊政。其間梗化之徒。窃苦新政不便。惑衆蜂起。侵掠各郡。此皆無賴之民。愍不畏法。自陷於坎險而罔知顧忌也。國家不得已。執其渠魁。置之刑獄之間。不遽加以顯戮。囚之三歲。俾知悔也。三歲而不改。凶莫大焉。

其後政府處分。不外此占之意。

○我國與清國戰勝之後。俄法德三國同盟。假託保護清國。迫我還付遼東。後

三國因此得假旅順山東雲南之地。强設鐵道。領收鑛山。其所爲有與前日之
口實。大反者。在我國當時。已逆料三國之志。問占一卦。筮得坎之渙。

爻辭曰。上六係用徽纆。寘于叢棘。三歲不得。凶。

斷曰。上六爲坎卦之終。本可過此以出險也。上六又以陰居陰。位在卦外。顯見外國有陰謀譎計。出而圖事者。逼我還付遼東。非爲清也。實三國爲自計耳。未幾各强借山東旅順雲南等要區。設立鐵道。此狡計之可明見也。繫以徽纆。置于叢棘。譬言其强逼之狀。三歲者。猶言三國也。謂三國若不遂其欲。必不了事。

象曰。上六失道。凶。道。路也。謂三國與築鐵道。在清明明失其路也。故凶。

䷝

離爲火

離卦二陰四陽。上下一體。離者。偶象也。奇實陰中。積而成坎。偶分陽中。兩而爲離。烝始化濕。濕蒸成熱。水資始。火資生。水化氣。火化形。故地二生火。火者。兩化也。其象爲偶。奇離成偶。偶兩成離。是故善離莫如火。火一星也。離爲萬炬遇物而皆焚。人一心也。離爲萬應。觸處而皆通。惟火中虛。虛則能離也。

離利貞亨。畜牝牛吉。

坤二成離。陰虛內合。卦體主柔。柔則近於不正。不正則不亨通。故利在行正。乃得亨通。是以亨在利貞之下也。按他卦皆言亨利貞。離獨先言利貞。而後亨。蓋離內柔外剛。不得其正。始雖通。終必塞矣。故利在貞。貞而後乃亨也。畜牝牛吉者。離爲坤之子。坤爲牛。離亦爲牝牛。牝牛柔順。得離之性。六爻陰爲牝。二五在中。以陽包陰。爲畜牝牛。不中犧牲之用。利在孳生。故曰畜。離由坤二成。坤曰牝馬。牝馬利在行遠。故取其貞。離曰牝牛。牝牛利在生息。故不取其貞也。坤資生。
離爲火。火生土。牛土性也。有生息不已之象。故曰畜牝牛吉。

彖傳曰。離。麗也。日月麗乎天。百穀草木麗乎土。重明以麗乎正。乃化成天下。柔麗乎中正。故亨。是以畜牝牛吉也。

離卦上下皆火。以取明兩作離之象。離。麗也。離爲火。火之爲物。有氣而無形。著物而顯其形。夫物莫不有所麗。本乎天者親上。則麗于天。本乎地者親下。則麗于地。日月之在地。百穀草木之在地。其明象也。重明者。重離也。離以中虛而明。得正明之體。六二爲離之主爻。五因而重之。與二相附以成其明。故曰重明以麗乎正。惟其所麗者正。故得嚮明而治。化成天下。柔麗乎中正。謂六二也。六二以柔處柔。中而又正。得所麗也。故亨。離互巽兌。兌辰在酉。上値昴。昴南有星曰天苑。主畜牛馬。苑西有芻藁六星。主積草以供牛馬之食。故曰畜牝牛。牝牛性柔。待人芻牧。其麗無心。无心之麗。正之至也。正故吉。麗夫天地。亨之大。牝牛之畜。亨之小。舉小大而麗之。用悉該矣。

以此卦擬人事。離以中虛而成。人心亦中虛。故離爲火。人心亦爲火。離取明。人心亦取其明。火本無質。有所麗而炎生。心亦無形。有所麗而神發。是以麗於目則爲視。麗於耳則爲聽。麗於口則爲食。麗於身則進退周旋皆是也。人心莫不有麗。然麗道則正。麗欲則邪。麗德則中。麗利則偏。邪而偏者必蹇。中且正者乃亨也。由其心之所存。發而爲事。則所麗者皆得其正矣。由一人之心。而及之衆人。則天下無不化矣。蓋人心虛則靈。靈則明。明則通矣。而其所以虛而能靈。在得乎柔之正耳。離之爲卦。柔居其中。以二剛包一柔。即以二剛畜一柔。凡物性之柔者唯牛。牝牛則柔之又柔也。最爲易畜。離以二畫得坤柔。故坤曰牝馬。離曰牝牛。義皆取其柔也。是殆教人以牧畜之事也。

以此卦擬國家。上卦屬政府。下卦屬人民。離爲火。火炎上。則威德皆出於上。離又爲孕。孕能育。則下民皆受其養。離以二爲主位。五爲尊位。二五皆陰。上下同體。足見君臣一心。朝野合志。離者。麗也。麗於物而始彰。在天垂象。在地成形。皆因所麗而顯。國家之治象。亦猶是焉。麗於政令。則象魏之懸書也。麗於刑罰。則虎門之讀法也。政者正也。麗苟不正。則刑罰不中。而民多怨謗。麗而得正。則政敎乃亨。而民皆感化矣。敎化之行。由近而遠。化及天下。即可由此而暨也。畜牝牛者。畜其柔也。牧畜牧民。其道本同。孟子所云受人之牛羊而爲牧之者。大旨本爲牧民者發也。知夫此。而治道得焉矣。

通觀此卦。離得坤二。坎得乾五。天地之用。莫要於水火。文王序卦始乾坤。中坎離。以二卦爲天地之中氣。上承乾坤。下啓咸恒者也。蓋以坎之中實爲誠。以離之中虛爲明。誠明者。易理之妙用。聖人之心學也。明之本在身。其用在國家。離者火也。今試以飛螢視燭火。則燭火明也。以燭火視列星。則列星明也。以列星視日月。則日月明也。故一曲之學。猶飛螢之明也。文學之士。猶火燭之明也。賢人之學。猶列星之明也。聖人之學。猶日月之明也。聖人之明。其存也無瑕。其運也無間。明之至也。夫明由虛生。中實者必暗而無光。明以柔著。過剛者必發而遂滅。離之卦。中虛而柔。柔得其正。聖人以火食化天下。而天下化之。離之用正。離之道亨矣。就六爻而推論之。初爻爲始。如火之始然也。始宜敬。故得无咎。二爻居中得位。如日之方中也。離色黃。故曰黃離元吉。三爻處內卦之終。其明將沒。如日之將夕也。哀樂失常。故凶。此爲內三爻也。九四介內外二火之間。火勢上炎。上卦多爲凶。九四適値其位。故有突如其來之禍。焚。死。棄。皆言其凶也。六五得中居尊。爲外卦之主。離至五以日言爲重光。是大人繼明久照時也。憂盛防危。勵精圖治。是以吉也。上九處明之終。離道已成。化及天下矣。其有梗頑不化者。不能不以干戈從事。是以征伐濟禮樂之窮也。殲厥魁。舍厥從。所謂王者之師也。有何咎焉。此爲外三爻也。統之離之全卦。以二五兩偶。內外相應。二得履盛之方。五凜保泰之懼。至中至正。均獲其吉。大象所謂大人以繼明照于四方。二五兩爻得之矣。

大象曰。明兩作離。大人以繼明照乎四方。

明兩作者。內外兩離之象。離者日也。然不日日而曰明者。以天無二日也。離者六畫。重離之象。日月之明。終古不忒。大人之明。四方畢照。辨忠邪。知疾苦。燭幽側處久長。大人以德言。乃王公之稱。有與天地合德。與日月合明者也。繼明云者。內卦之離。繼以外卦之離。即明兩作離之義也。明之功不繼。則有時而昏。故必如大學之稱明明德。湯盤之云日日新。可以嚮明出治。光被四方也。

(占)問戰征。克敵者宜用火攻。防敵者亦宜備火攻。兩作者。恐前後一時俱焚。○問營商。想營業定是近火。或運辦硫黃。或創設電火。或置造火柴等業。皆利。○問功名。離爲目。可有榜眼之兆。○問家宅。此屋必係新造。前後開通。窗戶生明。屋外四圍空濶。是巨室貴人之宅也。吉。○問婚姻。此非原配。必是繼妻。夫家定屬貴室。非尋常百姓之偶也。○問六甲。生女。○問疾病。熱勢甚重。恐一兩日內。即防神魂離散。

初九。履錯然。敬之无咎。

象傳曰。履錯之敬。以辟咎也。

初爻爲內卦之始。如日之始出。黎明乍起。爲作事謀始之時也。履。踐履也。錯然者。謂應酬交錯也。當至紛至疊來。而不以敬將之。必致動輙得咎矣。履卦曰履虎尾。履而知懼。故曰吉。此卦曰履錯然。履而能敬。故无咎。其履同也。夫禍福每兆於幾微。始而能謹。斯終必无禍。所謂君子敬而無失。得者得此旨也。象曰。履錯之敬。以辟咎也。夫人以身接物。不必居功。最宜辟咎。辟之之道。惟在居敬而已矣。

(占)問戰征。初爻爲始。是三軍始行旗幟交錯之時也。敬者即所謂臨事而懼之意。戰危事也。愼重持之。或可免咎也。或曰邪行謂錯。宜從橫路進兵。○問商業。必是新立之業。初九爻辰在子。北方屬水。卦位居南。屬火。想是南北生意。一時難許大利。要可无咎。○問功名。詩云他山之石。可以攻錯。蓋言得助而成也。○問家宅。履卦云。履道坦坦。幽人貞吉。是宅必在大道之旁。吉。○問六甲。生女。

(占例)友人某來請占運氣。筮得離之旅。

爻辭曰。初九。履錯然。敬之无咎。

斷曰。離者。火也。火之性炎炎而上。其功在明。其用足以取暖。又足以烹調。是人世不可一日無者也。以人身配之。火爲心魂。有心魂乃有知覺。有知覺乃可謀爲万事。今占得初爻。知必爲謀事伊始。然火之爲功甚大。火之爲禍亦甚烈。當其始然。最宜謹愼小心。苟一不愼。初與四應。延及四爻。則突如其來。咎莫大焉。故戒之曰。敬之无咎。足下占得此爻。宜知所畏懼焉。凡爻象一爻爲一年。三年後正當四爻。尤宜謹愼。至四年則吉。

六二。黃離元吉。

象傳曰。黃離元吉。得中道也。

二爻以陰居陰。爲坤二成卦之主。位處中正。彖所謂柔麗于中正者。即指二爻也。離爲黃。故曰黃離。黃者中色。離者文明。居中而處文明。是以元吉也。象曰。得中道也。離卦六爻。唯二爻以一柔居二剛之中。中而且正。象曰。得中。不言正而正在是焉。

(占)問戰征。離二變大有。大有象傳曰。大車以載。積中不敗。大車謂兵車。黃。中之色也。積中者。謂中營軍糧充實。不敗者。謂兵士勇健。得以獲勝也。故吉。○問營商。離屬南方之卦。經營利在南方。黃爲土。土生木。又利在土木。○問功名。離位在午。上値文昌。有文明之象。功名必顯。○問家宅。離爲火。土色黃。火之子。喩言其家得有令子。能振起家聲。吉。○問婚姻。二爻以陰居陰。位得中正。主夫婦順從。佳偶也。吉。○問疾病。必是內火鬱結中焦之症。宜涼解之。无咎。○問六甲。生女。

(占例)某來請占某貴顯。筮得離之大有。

爻辭曰。六二。黃離。元吉。

斷曰。離爲火。又爲日。得其柔暖之氣。自足噓枯回生。有煦育萬物之象。今占得六二。二爻與五相應。五爲尊位。知某貴顯輔翼至尊。君臣合德。離有文明之德。

黃屬中央之色。知必能握中圖治。化啓文明也。故曰。黃離元吉。

九三。日昃之離。不鼓缶而歌。則大耋之嗟。凶。

象傳曰。日昃之離。何可久也。

九三以陽處陰。是由明入晦之象。故曰日昃。昃者。日之將傾也。缶。即盎。大腹而斂口。離卦上下奇而中偶。形似缶。故象取缶。坎曰用缶。坎中實。則用以盛酒。離中虛。則鼓以節樂。不鼓缶而歌。必歌無節也。離互兌。兌屬正西。日出東入西。日薄西山。謂衰年暮景。故象取大耋。八十曰耋。三爻居二卦之中。猶年在半百。未可云大耋也。嗟。悲嘆聲。謂未老而嘆其老也。其歌也。樂失其節。其嗟也。哀失其常。哀樂無時。致神魂顚倒。壽命不永矣。是以凶也。象傳曰何可久也。謂若此之人。忽歌忽嗟。乃天奪其魄也。安能久乎。

(占)問戰征。日昃。日將夕也。軍中長歌浩歎。皆失紀律。不吉之兆。尤防敵兵夜襲

○問營商。周禮地官司市。大市日昃而市。謂大市交易繁多。至日昃始集市。爻

曰日昃之離。是日昃後而散也。市區擾雜或歌或嗟。哀樂無度。必傷正業。宜戒。○問功名。恐老大無成。徒自悲耳。○問婚姻。鼓缶而歌。難望偕老。凶。○問六甲。生女難育。

(占例)友人某來曰。余將娶某女。請占吉凶。筮得離之噬嗑。

爻辭曰。九三。日昃之離。不鼓缶而歌。則大耋之嗟。凶。

斷曰。爻辭曰。日昃之離。離離散也。日昃之離。謂婚後而復離也。鼓缶而歌者。憚亡也。不鼓而歌。非憚亡。必生離。大耋之嗟。是嘆其不得偕老也。此婚不成爲上。成則亦必離散。不吉之兆。後友人不信此占。媒娶成婚。未幾因家門不和。又復離散。果如所占云云。

○明治三十年。占我國與法國交際。筮得離之噬嗑。

爻辭曰。九三。日昃之離。不鼓缶而歌。則大耋之嗟。凶。

斷曰。離爲甲。爲刀。爲矢。皆主戰兵器也。離亦爲火。又足備火礮之用。今占法國交際。而得三爻。是令我急備兵甲戰具也。爻辭曰。日昃之離。日昃者。日將西傾。

可見西土運旺之時。不鼓缶而歌。大耋之嗟。謂不當歌而歌。不當嗟而嗟。猶言措置失時也。善謀國者。當及時修備。固不可自耽安逸。亦不必自示衰弱。睦隣脩好。以保永圖。斯爲善也。

九四。突如其來如。焚如。死如。棄如。

象傳曰。突如其來如。无所容也。

突如來如者。謂剛暴之禍。不可測度。焚如者。謂如烈火之焚物。死如棄如者。謂其身滅亡。其名亦遂廢棄。四爻處上卦之間。下卦之火將熄。上卦之火又熾。火炎於上。其勢尤烈。突。楊子方言。江湘人謂卒相見曰突。突如其來。是驟來而不及防也。焚如。燒其廬。死如。燬其身。棄如。舉之而委諸溝壑也。焚如離火本象。四動體艮。艮爲鬼冥門。故曰死如。又互兌。兌爲刑人。刑人于市。與衆棄之。故曰棄如。焚而死。死而棄。其勢相連。其禍甚凶。以九四在二火相傳之際。是以凶燄如此。象傳曰。无所容也。謂火燄逼近。无可容身也。四與初應。初之火其咎可避。四之火猛。屋燬身亡。無地可容矣。或曰。突。謂竈突。漢書所云其竈直突之突。突如其來者。所謂祭神如神在。恍惚而見其來也。焚如棄如者。謂竈神祭其爲惡而降玆厥凶也。此又一說也。

(占)問戰征。有營壘被焚。鎗礮暴烈之禍。來勢洶湧。緊宜愼防。○問營商。有人財兩亡之禍。宜藏身退避。或可免也。○問功名。有唾手可得之勢。但位名愈重。得禍尤烈。不如隱退。○問家宅。舊說以突爲不孝子。此家必生逆子。焚死棄。皆言逆子之罪也。○問婚姻。四動體艮。艮爲鬼冥門。又離互兌。兌爲刑人。此婚大本吉利。○問六甲。生女。必不育。

(占例)明治二十三年春。友人某來。請占本年運氣。筮得離之賁。

爻辭曰。九四。突如其來如。焚如。死如。棄如。

斷曰。九四在上下二火之間。下火將熄。上火復然。火炎上。故離卦以四爻爲最凶。今占運氣。而得四爻。四爻以陽處陰。外剛内柔。位不中正。主有陰險邪僻之徒。播弄其間。初若不覺。及其勢燄一熾。突如其來。不特禍延家室。而身肌髮膚。

立受其殃。如火之燎原。有不可撲滅者矣。謂之焚如死如棄如。足下宜謹防小人。毋爲飼犬而嚙手也。某氏素性柔弱。不甚介意。委用親族少年。不料妄作妄爲。旣凶且毒。某氏家產。因人傾敗。禍又未已。某氏始爲悔悟。亦已晚矣。

六五。出涕沱若。戚嗟若。吉。

象傳曰。六五之吉。離王公也。

六五爲外卦之主。得中居尊。與二相應。象傳所謂大人繼明久照。卽指五爻也。離爲目。自目出者曰涕。故曰出涕沱若。又離互兌。兌爲口。嗟是口之暗咀。故曰戚嗟若。所謂若者。是未嘗出涕而有若出涕。未嘗戚嗟而有若戚嗟。蓋形容憂傷之情狀也。九三樂盡悲來。大耋之嗟。則爲凶兆。九五憂盛慮危。所謂先天下之憂而憂。後天下之樂而樂。故吉。象傳曰。離。王公也。九五爲王公之位。故云。

(占)問戰征。據爻辭沱若嗟若。有臨事而懼之意。戰危事也。能懼則能謀。能謀則可以制勝矣。故吉。○問營商。此經營必是王家商務公業。非下民私計也。故曰。

離王公也。其業亦必由辛苦艱難而成。○問功名。位至宰輔。極貴極顯。然一身憂勞倍甚。如武侯之鞠躬盡瘁。乃吉。○問婚姻。此姻事極貴。然有先咷而後笑之象。○問六甲。生女。防難產。終吉。

(占例)占某豪商時運。筮得離之同人。

爻辭曰。六五。出涕沱若。戚嗟若。吉。

斷曰。五居尊位在國爲一國之君。在家爲一家之主。在鄉爲一鄉之望也。爻辭所云出涕沱若戚嗟若。謂能先事預謀。防危慮盛。百計圖維。以期萬全者。此非老成練達者不能也。足下占得此爻。可知足下歷嘗艱苦。在平時悲泣號嘆之狀。不知若何哀切者。亦由此繼明之德。足以察識事機。而能保守家業。不爲親族少年所得欺瞞也。故吉。

上九。王用出征。有嘉折首。獲匪其醜。无咎。

象傳曰。王用出征。以正邦也。

王者指六五。用者。指上九也。離爲兵戈。故用以出征。首者首惡。醜者類也。嘉者。賞其功也。所嘉者。在折其魁首。而不及醜類。書所謂殲厥渠魁。脅從罔治者是也。九三居下卦之上。與上爲敵。不順王化。殘害民生。上九於是奉命出師。以除天下之害。獲其首惡。誅而戮之。其餘黨類。皆從赦免。此誠弔民伐罪。王者之師。復何咎焉。象傳曰。以正邦也。謂如湯之征葛伯。文王之伐昆夷。唯在戡亂以安邦。夫豈好爲窮兵哉。

(占)問戰征。觀爻辭已明示矣。王者之師。不妄殺人。斯道得焉矣。○問營商。販售貨物。宜選取上等佳品。不取低劣。乃可獲利。○問功名。必膺首選。吉。○問疾病。折。夭折也。不利。○問六甲。生女。

(占例)明治七年三月。佐賀亂。朝廷將發師征討。有陸軍大佐某同中佐某來。謂曰。今將出師。請爲一占。筮得離之豐。

爻辭曰。上九。王用出征。有嘉折首。獲匪其醜。无咎。

斷曰。爻辭所云。王用出征。適合今日之事也。在佐賀亂黨與叛。其中必有主謀。

即所謂魁首。是乃亂之首。罪之魁也。罪在不赦。一時應嚮而起。皆脅從之徒。是醜類也。今以佐賀啓叛。命師往征。在我　皇上神機廟算。素以不嗜殺人爲心。必將布告天下。謂搆兵倡亂。罪在一人。寡人誓必取而戮之。餘無所問。有能擒獲渠魁者必膺上賞與。爻辭云。有嘉折首。獲匪其醜。如出一轍焉。按上與三相應。上爲王師。敵必屬三。三爻曰。日昃之離。何可久也。知此番行軍。定卜馬到功成。不數旬而戡定矣。後果未匝月。而渠醜受誅。佐賀遂平。

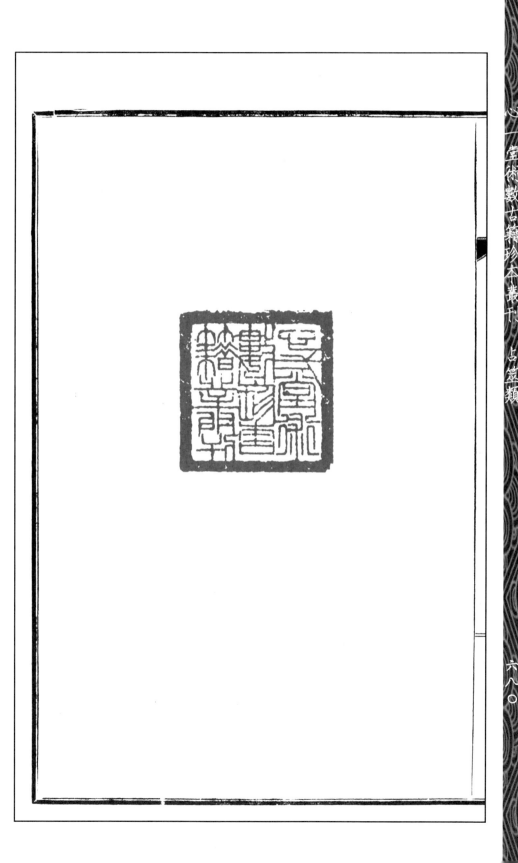